你办的不是案子，而是别人的人生

刘哲 著

清华大学出版社
北京

本书封面贴有清华大学出版社防伪标签，无标签者不得销售。

版权所有，侵权必究。举报：010-62782989，beiqinquan@tup.tsinghua.edu.cn。

图书在版编目（CIP）数据

你办的不是案子，而是别人的人生 / 刘哲著. —北京：清华大学出版社，2019（2024.3重印）
ISBN 978-7-302-53747-2

Ⅰ.①你… Ⅱ.①刘… Ⅲ.①检察机关-工作-研究-中国 Ⅳ.①D926.3

中国版本图书馆 CIP 数据核字（2019）第 195766 号

责任编辑：刘　晶
封面设计：汉风唐韵
版式设计：方加青
责任校对：王凤芝
责任印制：刘海龙

出版发行：清华大学出版社
　　　　　网　　　址：https://www.tup.com.cn，https://www.wqxuetang.com
　　　　　地　　　址：北京清华大学学研大厦 A 座　　　邮　　编：100084
　　　　　社 总 机：010-83470000　　　邮　　购：010-62786544
　　　　　投稿与读者服务：010-62776969，c-service@tup.tsinghua.edu.cn
　　　　　质 量 反 馈：010-62772015，zhiliang@tup.tsinghua.edu.cn
印 装 者：三河市铭诚印务有限公司
经　　销：全国新华书店
开　　本：145mm×210mm　　　印　　张：8.375　　　字　　数：162 千字
版　　次：2019 年 10 月第 1 版　　　印　　次：2024 年 3 月第 7 次印刷
定　　价：59.80 元

产品编号：084622-01

献给我的妻子

很幸运我们拥有彼此

作者简介

刘 哲

北京市人民检察院首批入额检察官
曾办理山西溃坝案
设计并组织研发刑事公诉出庭能力培养平台
著有《检察再出发》

司法的至高境界

陈兴良[①]

刘哲是北京市人民检察院的检察官，工作之余喜欢舞文弄墨，写点短文，积少成多，辑之为书。本书说是随笔集，不如说是随想录。

本书的书名"你办的不是案子，而是别人的人生"正是来自作者的一篇文章，该文曾经在微信中流传。我在微信朋友圈见过这篇文章，但并没有打开。之所以不打开看内容，是因为只要看看这篇文章的题目，就意味深长，大体上知道文章所要表达的意思了。案子是自己的，而人生是别人的，案子和人生就这么神奇地联系在了一起。对于以办案为业的司法人员——

[①] 陈兴良，北京大学博雅讲席教授，博士生导师。

包括检察官来说，由于每天都要与案子以及当事人打交道，尤其是关涉形形色色犯罪的刑事案件，已经习惯于面对社会黑暗面，因而见怪不怪了。然而，除了"多进宫"的惯犯、累犯，大多数案件当事人都是第一次面对司法程序，而司法程序是由司法人员推进并主导的。如果不考虑案件处理结果关系当事人的生杀予夺，关系当事人亲属的生离死别，那么，司法人员对于案件可能是冷漠的，公事公办的。如果司法人员在依法办案的同时，还能想到案子关系他人的人生，这对于一个具有长期办案经历的司法工作者来说，是极为难得的。这次写序，我认真读了这篇文章，内容大体上没有超过我的预想，但还是从文章中读到、触摸到了作者的内心。

在这篇文章中，作者提及感情和理性、人性和信仰这么一些大词，而作为这些大词铺垫的却是一些办案的细枝末节。作为一名司法人员，当然要有理性，司法的本质就是理性，即司法理性。报复是被害人的一种情感要求，而刑罚则应当是国家的一种正义化身。被害人总是希望恶有恶报，甚至对窃盗者斩手、杀人者斩首也会被认为是完全应该的。然而，司法要求在被害与加害之间取得某种平衡，这就是公正的应有之义。因此，如何在感情与理智之间拿捏得恰到好处，是十分困难的。

法国著名哲学家利科在北京大学曾经做过一个题为《公正与报复》的讲座，在这个讲座中，利科表达了一个深刻的观点：诉讼就是将人们从情感导向理性的重要途径。利科指出："在诉讼这个语言仪式终结时，公正之言能够得以发布、应该被说出来。一种语言的复杂游戏就在这个仪式框架中展开，并受制于保障诉讼得到公平的程序规则。这种游戏从根本上讲是系于原告与反方代表们的论据交流。为了现场调查，我们能够说，诉讼的原始功能是把冲突从暴力的水平移到语言和话语的水平。诉讼借助在可能论据基础上运用的一个分支，更准确地说，是一种超验的实际运用的分支，即整个过程立足于特定情况下对运用标准的有效性进行推断。"[①]利科这段话比较晦涩，其实，他的意思是说，公正存在于诉讼之中，而诉讼将暴力转换为语言的对抗，从而实现从情感向理性的转化。从这个意义上说，以诉讼为主要内容的司法当然具有理性品格。然而，司法又渗透着情感，它不能也无力完全化解情感，只不过在一定程度上稀释情感而已。

法国另一位著名哲学家德里达曾经在北大做过一次关于死刑的讲演。在中国人的集体意识中，杀人者死几乎成为一条定律，对杀人者的极度痛恨情感转化为刑法规则。这是一个将情感凝聚为法律的极佳例证。然而，死刑的受刑者面对的是观演的受众。对此，德里达指出："我要以哀婉的方式将诸位引向或者说和我一起留在监狱及世界上所有拘留所的这个黎明时分、这个清晨，这个时候被判死刑者要么等着人们带来赦免的消息，要么

[①] 杜小真编：《利科北大讲演录》，北京大学出版社2000年版，第5页。

被带向无数合法死刑机器的一种,这些机器都是在作为技术——治安技术、战争技术、军事技术及用以管理死刑的医学、外科、麻醉技术史的人性历史长河中由人类天才地发明出来的。这时几乎总有一个神父在场。(这些机器都)带着某种诸位所知的残酷、一种总是同一的残酷,不管怎么样,诸位知道残酷可以从最野蛮的屠杀到最变态的刑罚,从最血腥或最残忍的肉刑到最易被否认的、最变相的、最隐蔽的、最完美地机械化了的酷刑,其隐蔽性或者(对残酷的)否认,在任何情况下都不是别的,而是戏剧化、观演式,甚至是观淫癖机器装备上的一个部件。"①在此,德里达站在一名死刑废除论者的立场上,表达了对死刑的种种厌恶情感。这是以情感对抗已经结晶化为规则的杀人者死的理性。中国有所谓"天人交战",也许司法领域就是情感与理智交战最甚的场所。

在《你办的不是案子,而是别人的人生》这篇文章中,作者提出了"带着情感去办案"的命题,认为这才能让人心服口服。这里的"人",当然应当既指被告人又指被害人。这是很难的,或者说是办案的最高境界也不为过。其实,司法人员在"带着感情去办案"的同时,还要"带着理智去办案"。也许,平时我们的司法人员都已经习惯于"带着理智去办案",因而作者提出"带着感情去办案"才显得有新意。可以说,站在不同的

---

① 杜小真、张宁主编:《德里达中国讲演录》,中央编译出版社2003年版,第164页。

诉讼立场，感情和理智的去向是不同的。其中，作为控方的公诉人，更多的感情是倾向于被害人的，然而不能由此而漠视被告人。站在辩方立场的律师，更多的感情是倾向于被告人的，然而也同样不能无视被害人。至于法官，作为居中的司法裁判者，立场的中立性决定了要平等地面对被告人和被害人。我曾经接触过一些律师，他们是被告人的代理人，与其委托人具有共同利害关系，并且依法维护被告人的合法权益，这是正确的。当然，我也看到个别律师对委托人的情感过于投入，几乎是将他人当作人格完美无瑕的好人，在一定程度上使履行辩护职能受到情感的支配，这当然是不可取的。即使是在定罪和量刑两个环节，在定罪阶段应该舍弃大量生活细节，致力于案件事实与刑法规定的构成要件的耦合，因而其定罪的抽象性决定了应当以理智为主。但在量刑阶段就应当将犯罪行为还原到一定的生活场景中去，充分观照各种具体因素对量刑的影响，因而要投放一定的情感。

《你办的不是案子，而是别人的人生》只是本书的一篇文章，以它作为书名，足以表明作者对该文的重视程度，可以说是本书的主打文章。除了本文之外，书中还有大量给人以启迪的文章。全书分为司法观、相对论、启示录三章。可以说，每一章都有绝妙好文。本书篇幅不大，书中的文章亦不长，阅读起来十分方便。刘哲作为一名检察官，在办案的同时，有所思，有所想，并将所思所想转化为文字，成为公共资源，这是令人敬佩的。

本书即将出版,受作者之邀为本书作序,并向读者推荐本书。

是为序。

谨识于北京海淀锦秋知春寓所

2019 年 4 月 27 日

在办案中体历人生

劳东燕[①]

这是刘哲的第二本书。就像读他之前的《检察再出发》那样,再一次让我触摸到一个独立思考而又内心柔软的检察官。

全书在内容上,既涉及如司法观与法治向何处去这类宏大主题的文章,也涉及检察业务的发展走向和操作层面的制度设计等方面的探索;同时,另有不少涉及如何办案的心得与设想的内容。难得的是,书中还有一些随笔,涉及作为法律从业人员,平时如何为人处世的思考;与业务类文章不同,在这类随笔中,最能呈现写作者真实的性情。

我与刘哲当面交流的机会不多,平时只是在朋友圈中有一

---

① 劳东燕,清华大学法学院教授,博士生导师。

些互动。不过，读过他的不少文字，透过字里行间，我自以为，我是了解他的。他的温和而不极端，使得他虽长久待在检察机关，但并未因此而变得视野狭隘，仅仅关注本部门的利益；他的独立思考而不盲从，使得他始终反思性地审视自己与自己的工作；他的跃然纸上的使命感与责任感，使得他能够基于开放的视野，而对检察事业的发展方向进行执着的探寻；他的不断自我施压的学习，使得他在业务能力提升的同时，一路走来都保持成长的状态；他的真诚与内心的柔软，使得他无论是对人还是对事，始终如一地保有内心的温度。这些都是我非常欣赏的品质。我知道，这样的品质，未必有助于他在机关取得世俗意义上的成功，有时甚至还可能造成一定的妨碍。然而，我仍然庆幸且欣喜，在检察系统中，能有这样一位内心柔软的检察官在办理案件。

作为一名检察官，在平素的办案中，保持温和而不极端的立场，表面看来无关紧要，实则并非如此。法律与其他行业不同，不只是思想与理念，更是一套规范体系。趋于极端的立场，往往容易导致将不同于自己的他者去人化，甚至用简单的敌我思维来对待他人。在政治思潮中，无论是极左还是极右，具体的主张虽有所不同，但都欠缺必要的宽容，无法容忍意见与价值观上的不同；并且，往往基于政见或价值立场的相异，而将他人归入敌人的阵营。既然对方是敌人，便容易认为不需要平等对待，甚至无须提供基本的权利保障；相反，完全可以冷酷无情地对之，犹如秋风扫落叶一般。在刑事诉讼中更是如此。

作为诉讼中另一造的控方，在面对犯罪人时，很容易理所当然地认为自己是正义的化身，而忘记对方与自己一样都是普通人，有着普通人的喜怒哀乐，也有着普通人的人性弱点与闪光之处。不少从事起诉工作的检察官，身上多少带着一股凌厉的气势，便是根源于此。同为检察官，刘哲则有所不同，他往往能够对刑事被告人有着一份同情的理解。这一点在书中有多处体现，相信读者在读完本书后自会有所体会。

从事任何与人打交道的工作，想要保持独立思考而不盲从，都有着相当的难度。这种难度既来自于外部环境的压力，也来自于自身惰性的制约。身处体制化氛围浓重的环境，独立思考其实并不是受人欢迎的品质，反而可能使个人在相应的环境中显得格格不入。与此同时，独立思考往往意味着，需要自己作出巨大的努力去构建相应的认知，无法搭便车而人云亦云，长此以往难免产生认知上的疲劳。基于内外两方面因素的限制，无怪乎大多数人都会养成从众的心理。在社会交往中，选择从众，既安全又不费力，自是成为理所当然的选择。然而，刘哲并不是这样。无论对于检察业务的发展方向，还是个人的办案工作，他始终持一种反思性的冷静审视的态度。也正是基于此，他才会批评检察系统中对于无罪判决的流行看法，才会认真思索不起诉到底是问题还是成绩的问题。

不管从事什么行业，倘若只顾埋头赶路而不抬头看清方向，很容易迷失于琐碎性的细节之中，容易只见树木不见森林，从而可能出现方向性的错误。这种方向性的错误，在制约个人的视野与格局的同时，也会使个人遭遇事业上的发展瓶颈。就此而言，基于某种使命感与责任感，关心所在行业的大的发展趋势，不断地探寻新的合理的方向，其意义不仅在于为社会的进步贡献个人的绵薄之力，也在于能够在相当程度上，避免让自己沦为二流的匠人。尽管如此，在很多行业中，人们往往光顾着埋头赶路，并不考虑所在行业之于社会进步所应有的定位与意义，也不思考个人的发展如何契合整个行业的发展方向，以及为此必须做出什么样的调整的问题。在这方面，刘哲也显得与众不同，他不仅视野开放，而且观察敏锐。对于检察行业在当下与未来的发展有着诸多的关注，包括在网络与大数据时代智慧检务如何可能的问题，他都有着自己的思考，始终在探寻新时代检察工作的发展方向。

让我印象颇深的是，刘哲对于压力的看法。很多人都对压力持负面的看法，认为压力会给人带来心理上的紧张与焦虑感，对个人生活没有助益，反而有损身心的健康。然而，在刘哲看来，压力是最好的老师。他认为，一切的自律，终究都是一种他律，利用压力进行自我提升是一种智慧；因为压力的供给与传导，能够逼使个人不断地学习，由此而得以在日积月累中取得进步，实现自我的提升。对此，我深以为然。对于现代人而言，没有压力的生活是不可想象的；想要过一种没有压力的生活，反而容易陷入生命中不可承受之轻的状态。有鉴于此，与其消极地在压力面前退避三舍，不如将压力变成自我的动力。有高度自律性的人毕竟是少数，我们中的绝大多数人，都不可避免地带有自身的惰性。因而，适度的压力若是利用得当，反而能够激发个人的潜力，使个人摆脱惰性所带来的自我设限，由此实现不断地成长。这便是心理学上所讲的成长性思维。这样的思维，对于个人的人生际遇极为重要。它能够激发特定的个体不断地向上攀登，达到新的人生高度，而不是一味地复制以前的自己。

尤其难得的是，刘哲在检察机关工作十余年，于体制化的氛围中浸淫日久，却始终保有真诚与敏锐，并保持内心的柔软。我想，正是这份内心的柔软，让他在对检察事业始终怀有激情的同时，又能够保持一份冷静的审视与反思。同时，也正是这份柔软，让他一直对刑事案件的被告人保持必要的善意，并在办案的过程中，切实践行"你办的其实不是案子，而是别人的人生"的立场。身处法律圈，我所接触的法律精英可谓不少；但是，能够不过多地受到体制化影响的人，却并不多见。这一点也完全可以理解。在持久的职业生涯中，需要处理为数众多的案件，难免产生职业性的倦怠与漠然。毕竟，办案于法律人而言，更多的是一份工作，尽管案件可能牵涉的是他人的人生。所以，能够摆脱职业性的倦怠与漠然，认真地对待每一个手头的案件，殊为不易。

相识多年，刘哲还是当年踏出校门的赤诚少年：始终心怀法律人的理想，经过岁月的流逝仍然保持一份难得的清澈。外表粗犷而内心柔软的他,无论是对于自己的人生,对于所热爱的检察工作,还是对于中国的刑事法治,都有着一份很高的期许;也是因着这份期许,他一直不懈地为之投入与努力。

2019 年 6 月 9 日

于清华园

序言：我相信这个世界会好的

刘哲

"这个世界会好吗？"

这是梁漱溟的父亲梁济临终前提给他的儿子，也是这个世界的终极问题。

说是问世界，其实是在叩问人性，是在问对人性还有没有信心。

我们的司法官经常面对社会阴暗面，很容易对人性失去信心，或者说是耐心。

所有的机械办案归为一条，就是对人的符号化，更进一步将自己也符号化。

我们不愿意了解案件的真实动因，被告人走上犯罪道路的心路历程，我们不愿意体察人性，因为我们对人性不抱信心，我们不相信这些人还有尚未泯灭的人性。

我们遇到的人多了，对案件之间的差异也变得麻木不仁，即使它们能够反映主观恶性的差异。

我们明明知道法律有它的滞后性和弊端，但我们不愿意劳心费神来用善治弥补。

但正义是具体而微的，人性是十分复杂的。

差之毫厘，谬以千里。

我们用刑事法律的粗线条勾勒的这个世界，不经意之间就会毁掉别人的人生，因为人性和世界一样都有一个灰度。

都无法简单地来评判。

简单地下结论，不仅是对人性没有信心和耐心，也是一种不愿意用心、对给他人人生可能造成的影响漫不经心的态度。

"你办的不是案子，而是别人的人生"，既是一种提醒，也是在鞭笞这种漫不经心，是主张一种"把别人当回事"的司法责任感和倾注情感的人性司法价值观。

我相信，只要是人，都会有尚未泯灭的人性，否则他就无法在社会上立足，我们的责任就是挖掘、鼓励这些人性，劝人行善，至少坦然面对、真正悔过也会感染其他人，安慰被害人。

我们实际上是用自己的人性点燃别人的人性，对此我们是燃灯者。

不是我们悲天悯人，只是感同身受，将心比心。

我们不应以有色眼镜看待世界，不以偏见看待人性，而是正视人性和世界的复杂性，还它以本来面目。

我对人性有信心，自然对这个世界就有信心。

对世界有信心，不是看不到社会的问题，而是用一种理性、建设性的态度来面对。不是抱怨、宣泄和推诿，而是解决问题。

是用自己的乐观主义感染别人。

乐观主义不是别的，其实它只是给别人也是给自己的一个机会，让这个世界变得更好的机会。是对自己和对他人更加积极的态度。

我相信这个世界会好的，因为我对人性永远不放弃希望。

2019 年 8 月 4 日
定稿于西直门

目　录

第一章　司法观 / 001

你办的不是案子，而是别人的人生 / 002

不起诉，是问题还是成绩？ / 010

无罪恐惧论 / 019

司法观 / 026

让检察官当家做主：从理想变为现实 / 031

压力是最好的老师 / 048

书记官制度之提倡 / 061

法治向何处去 / 065

第二章 相对论 / 071

不用怕 / 072

算法霸权与公益诉讼 / 077

司法相对论:确定性与不确定性 / 083

案与件 / 096

检察之路的经济学逻辑 / 102

出庭的根埋在证据的土壤里 / 108

整合正义的力量 / 117

"捕诉一体"方法论 / 124

捕诉报告一体化之提倡 / 132

隐私与效率:门禁卡与互联网的脑洞 / 138

第三章　启示录 / 145

"药神"的启示 / 146

好的法律，温柔而有力量 / 165

新启蒙时代 / 171

为什么我们是沉默的大多数？ / 178

通往光明之路 / 184

预防"被精神病"的制度性思考 / 189

办案系统是司法改革的最后一公里 / 196

解决民事公益诉讼级别管辖的"一刀切"问题 / 206

智慧公诉之未来 / 210

生物多样性与城市多样性 / 217

人类的边界 / 224

后记 / 235

第一章 司法观

你办的不是案子，而是别人的人生

这不是一句空泛的口号。

它体现的是法律人的价值观。

办案技巧越来越纯熟，接触的当事人也越来越多，我们会不会因此而麻木？

从而演变成司法流水线，只是机械地走流程。

我们还愿不愿意倾听他们背后的故事，了解案件的起因，以及真实的人性？

这真的需要我们认真思考。

1. 带着什么样的感情，感情又是什么？

我们能否意识到我们办的其实不是案子，而是别人的人生？

除了多、快以外，我们对办案的效果有多少追求？

我们拥有成为伟大司法官的抱负，那就必须带着感情去理解这个真实的世界。

只有这样，我们对它的体会才会真切，才会恰如其分，才能符合实际，也才能因此打动人心，而公平正义无非就是内心的感受。

带着感情去办案，就是带着人性去实现公平正义。

这份感情，不是个人好恶，而是一份了解之同情。

一起杀人案中，被告人自首、认罪，唯独对起诉书把案情起因描述成"琐事"不满。被告人生活困难，有一次与几个朋友吃饭，非要埋单，把钱付了，但是一个大哥同情他，不让他付钱。争执之中大哥就当着众人的面把钱给撕了，并扔给他。后来被告人打电话要求大哥道歉，大哥就是不道歉。被告人当面找到大哥要求道歉，大哥还是不道歉且还推他，他因此拿刀就把大哥杀了。杀完之后，还拿着带血的荣誉证书到几个门店让别人报警，同时证明自己不是坏人。

把埋单的钱当众撕碎了，对被告人来说就是面子被撕碎了，这到底是不是"琐事"？

"琐事"这种描述方式除了机械套用以往叙事模式，简单化处理问题之外，还体现了一种潜意识。

就是不愿意深入了解当事人的内心感受和案件发生的真实原因。

反正你杀人了，又没有法定从轻处罚的事由。

我们习惯将法定情节之外的事由，都当作可以忽略的事由，

"琐事"除了指小事、不重要的事情之外,还有生活中时时发生、可以被忽略的潜在含义。

我们首先关注的是定罪,然后是主要的事实能否被认定,再然后是重要的量刑情节。至于那些对量刑只能产生些许影响的酌定情节,我们会人为地选择忽略。

我们忽略了这些细节,当事人从鲜活的影像抽象为一个符号,犯罪构成如同公式,定罪的过程变成了冰冷的逻辑推演。

是的,我们更在意的是结果,以及粗线条的过程。

但是正义一定是具体而细微的。

因为具体才真实,这一切只有带着感情才能体会。

感情其实是一种认知世界的方式和态度,是对现实世界的真切体察,是对不完美的一种包容,是对现实生活的某种谅解,是对人性的了解和包容,是对人的社会属性的深刻洞察,是对理性人假设的某种怀疑。

人无法时时把握自己的命运。

难道你在生活中就从来没有过不得已?

什么叫初犯偶犯?就是既要惩罚又要体现出一种理解之同情。

什么叫期待可能性?就是法律不强人所难。

为什么要不起诉,因为刑罚的功能也有局限性,容易标签化,有时就是给人一个机会。

一个大学生好不容易找到一份工作,就因为骑摩托车使用假证加油,虽然检察官经过努力,但没有能够阻止起诉、审判,可以想见这个年轻人的未来,以及他的家庭所承受的终身压力。

而千百个具有相似情节的快递小哥呢?他们的命运实际上就掌握在我们手中。

是的,感情就是一份理解、一份宽容、一种平衡感、一种大局观。

它体现的既是勇气,也是智慧。

机械理性的执法方式只是司法伦理的最低水准,只有倾注情感,才能闪烁伟大的人性光辉。

2. 人性与理性

司法是理性的、专业的,有自己的逻辑,具有相当强大的自洽性,从逻辑上可能无懈可击,至少可以自圆其说。

但是如果用常识来检验,有些时候又会觉得怪怪的,比如气枪大妈案、于欢案,以及那些快递小哥的案件。

法律如果脱离了常识、常情、常理,也就失去了正义最重要的基础属性,那就是伦理属性。

伦理是正义的道义基础。

所谓良法必然不是反人性的。

法律的理性提供了一个稳定的逻辑框架用以指导人的预期。

而人性是检验法律规则合理性的动态指标。

人性就是人之为人的根本属性。

首先是社会属性，人性是人类结成社会的公约数，共同的伦理基础、是非观念，包括共同的价值观，形成了社会网络的底层逻辑，如果没有理解与宽容，社会将陷入战争的深渊。理解与宽容并不是人性本身，而是对人性不完美的一种包容，是对同类最大限度的接纳，是对共同风险的协同机制，是对物种基因的一种最大保护。不轻易抛弃一个人，不是因为一个人有用，而是因为给其余同伴增加安全感。刑罚的目的在于回归，而不是简单的个体消灭或将其隔离开来，是一种对不完美的接纳。因为我们每个人都不完美，都可能犯错误，宽容与接纳，可以使群体得到最大限度的团结。如果对轻微犯罪的不起诉最有利于人改过自新，那将是性价比最高的司法处理方式。因为刑罚的负面效应之一就是通过标签化阻碍犯罪人回归，就如同为犯罪人制造了一个无形的隔离区。

其次是动物属性，人有原始的本能和冲动，有些是为了维持基本的生活状态，有些是为了保证本人和至亲的安危。这些行为虽然看似满足某些构成要件，但从直观上看又很容易引起怜悯与同情，这些情感来自于我们对自身处境的换位假设。黑猩猩是杂食动物，它们在吃肉时，有时会放任陌生的同类也吃一点。给别人活路，也就是给自己活路，这是高级物种的进化法则。因为维持基本生存需求的犯罪行为，其可宽恕性就会大很多。同时，我们还要检讨社会对弱者关爱的不足。为什么要帮助弱势群体而不是任其自生自灭？因为保护他们就是在保护所有人，或者说给所有人以安全感。

最后是人的独立自主性只是相对的概念。虽然人不是欲望的奴隶，也不是社会的螺丝钉，但有时我们或多或少都存在迫不得已的理由。因为给家人看病而偷窃、为了反抗对家人的羞辱而动手、为了将无理取闹的邻居推出门外、为了送外卖而使用假证加油……面对这些，我们能否完全做到置身事外？我并不相信命运，但我相信存在短期摆脱不了的生活性安排。为了体现部分不得已的不可罚性，法律设计了紧急避险、防卫过当、期待可能性等制度形式，但仍然无法穷尽所有的情节，因此刑法还设定了但书规定，刑事诉讼法还设计了不起诉制度。这就为刑法的机械性留下了人性的出口。

3. 法律人的信仰

法律必须被信仰，否则形同虚设。

这种信仰来自于人们对它的稳定预期，来自于它的伦理基础。

法律并不是一成不变的规则，它只是特定语境下的纠纷解决范式。

它是一种动态的逻辑法则，是一种与时俱进的规范。

因此必须结合人性进行试错检验，避免背离立法者的初衷，并与当下的社会发展水平和社会文化相契合。

有些法律从制定之初就存在着伦理缺陷，机械执法容易成为行业利益的保护工具。

所谓恶法就是背离了法律的伦理基础的法。

而伦理基础作为社会的基本结构具有相当大的稳定性。

这种法律的出台反映了行业立法、部门立法的模式问题，如果机械执法必然放大恶法的危害性，有违法律人的信仰。

法律人的信仰就是良法与善治。

追求良法，但又清楚法律的滞后性和内容局限，然后以善治补之。

所谓善治就是将情、理、法有机结合，以人性作为法治精神的检验阀，在严格的程序框架下追求实质正义，追求正义匹配的精准度和分寸感。

这种追求某种时候可能会牺牲一部分的效率，但从长远看，这种到位的执法观将增加司法结果的可接受度，增强司法结果的稳定性，从而有利于树立司法权威。

只有带着感情去办案才能让人心服口服。

机械执法虽然表面上提高了司法效率，但由于功利主义的导向必然埋下长久的隐患，增加社会的对立面，减损对司法的信任度，甚至滋生报复社会的情绪，社会治理成本大幅度增加。

法律人的信仰就是要有一颗永远柔软的内心。

永远相信人性本善，永远相信人有改造好的可能，相信人总有不得已之处,愿意倾听离奇的理由。

机械套用法律的时候,不仅是麻木,更重要的是不愿意走出法律思维的舒适区,是缺少开放性的体现。

不是我们丢失了情感,是我们丧失了当初追求法治理想的激情。

带着感情去办案就是重拾这份激情,就是将人性融入对法律的理解当中,就是在包容人类的不完美,就是深入常情常理的伦理基础,就是存一份了解之同情。

为何我的眼中常含泪水,因为我对这片土地爱得深沉。

不起诉,是问题还是成绩?

不起诉,到底是问题还是成绩?

西城老白提出的是一个扎心的问题。

这个问题好多人都认为是一个事儿,这本身就是一个巨大的问题。

对于这个问题我想好好说两句。

1. 不起诉到底是什么?又意味着什么?

不起诉是检察机关的法定权力,是检察机关的裁量权,是根据案件事实、证据、情节、犯罪嫌疑人刑事责任能力进行的综合判断追究刑事责任的必要性和可能性,作出法定不起诉、存疑不起诉或相对不起诉的决定。

不起诉就意味着案件根本没有犯罪事实,或者不是犯罪嫌疑人所为,或者没有达到事实清楚、证据确实充分的程度,或者情节轻微没有提起公诉的必要。

也就是说该诉的诉，不该诉的不诉。

至于不起诉案件的数量、比例，这主要取决于侦查的质量，以及对刑事政策的把握。

如果侦查质量持续薄弱，距不断提高的审判标准越来越远，不起诉案件数量和比例的不断提高就是一种必然选择，这是检察机关不断将审判标准向侦查前端传导的体现，也是落实以审判为中心的诉讼制度改革的必然要求。

但这怎么又成为一个事儿了呢？

2. 行使权力的不自信

我们拥有起诉裁量权，但我们又长期被侦查绑架。侦查通过政治、治安、舆论对检察机关形成了义务绑架：打击犯罪是义务，不起诉就是不打击犯罪，不起诉就是软弱，保障人权只是极个别的案件的事，具体来说就是起诉迁就侦查、审判迁就起诉，如果证据事实存在问题就容易一条道走到黑，酿成冤假错案；如果将本应进行行政处罚的案件都纳入刑事程序，检察机关不及时制止就会打击面过宽，存在滥施刑罚、形成苛政的风险。这都是侦查中心主义的体现，基本表现就是起诉裁量权的虚化，抓了就要诉，检察机关只是走手续，侦查反制起诉，违背了以审判为中心的诉讼制度改革的基本精神。

提起指控是一件很严肃的事情，不仅仅证据上要做到确实充分，对起诉的必要性也要进行审慎的把握，这需要检察机关以法治为标准进行裁量判断。此时不是治安主义的维稳思维，而是客观公正的法治思维。对于差不多就够了的案件要敢于说不，因为 100-1 就等于零，一个错案的负面影响，足以摧毁九十九个公平裁判积累起来的良好形象，执法司法中万分之一的失误，对当事人就是百分之百的伤害。

把握刑事政策还要考虑常情常理，对于没有任何其他情节，只是使用虚假驾照加油的快递小哥，不能一概入刑，要区分行政处罚和刑罚的界限。这个时候的大抓大放，问题在大抓，不在大放，要追究的应该是大抓的责任，应该检讨大抓背后的侦查管理机制，敢于坚持原则的大放，不是不打击犯罪，而是更加准确地打击犯罪，是给盲目打击纠偏，是给冒进的刑事政策踩刹车，这时候的不起诉不但不是错误，还是成绩，应该堂堂正正、大大方方地行使，这也是在体现检察机关的存在价值。

检察机关的存在价值就是要通过法治思维矫正侦查偏误，在审前发挥主导作用，保证法治的基本航向，并通过实质化的出庭工作，发挥指控和证明犯罪的主体作用，使公平正义以公开透明的方式得到落实。

检察机关是法治的稳定器和平衡器。

但是我们在行使权力的时候仍然顾虑重重，很多领导在证据存在问题的时候还会担心，这样就不诉了，行吗？还有一种说法就是,把程序走完吧。但是起诉裁量绝不是走程序,绝不是抱着侥幸心理到法庭上再说,绝不是拿别人的命运试试看。连你自己都不确信的事,还指控什么?连自己都觉得没有必要试,为什么还要起诉?

我们不要被绑架。

法定的权力为什么不敢行使,因为很多时候你可能并不确认那就是你的权力。

侦查中心主义是一种司法传统,它不仅挤压起诉裁量权行使的空间,也挤压检察机关的自信空间。我们有时候会怀疑自己,我们真的有这么牛吗?公安送过来的案子说不起诉就不起诉了?我们又不是美国或者欧洲的检察官,不起诉率可以那么高?公众会接受吗?公众会质疑我们吧?

很多时候我们只是自己吓自己,你每一个不起诉都正正当当的,你有什么需要怀疑的?

公众要的不是大量的起诉,而是公允准确的起诉;公众要的不是四面出击,而是精准打击。

公众希望看到的是强有力的法治思维,是一个当断则断、敢作敢当的检察机关,是一个更加清晰明确的法治航向。

权力只有行使才是权力。

如果长期搁置,不但别人会忘记,甚至连自己都会忘记,还有一个不起诉权啊。

长期虚化的权力突然用起来,别人自然会不适应,原来能诉的现在怎么就诉不了了？不是找事儿吧？这需要有一个适应的过程，该怎么着就怎么着，习惯也就好了。

移送过来不见得一定能起诉啊，证据不足可能起诉不了啊；我们如果不取这个证据可能诉不了，原来有个检察官跟我说过：这个案子能诉吗？这不是治安案件吗？原来好几件都做了不起诉了，你们还当刑事案件办，你们到底会不会办案子？这些会潜移默化地融入侦查员的思维。

形成记忆的秘诀就是千百次的重复，不起诉会加深记忆。

检察官不是吃素的。

3. 信任是司法办案责任制的精髓

不起诉固然可能会招致所谓打击不力的外部压力；但最主要还是内部的压力，上级生怕检察官会滥用权力，尤其是在落实司法责任制、不断放权的背景下，更深层次的心理基础是害怕别人以为我们会滥用权力，因此在行使权力上有一种不自信。表现出来的就是对不起诉案件的重点盯防，层层复查、反复评查，各种审核，甚至进行数据和案件通报，使得检察官在行使权力时束手束脚。

事实上，不起诉权即使下放给检察官，也还有充分完整的内部程序制约机制，比如公安机关复议复核程序和当事人的申诉程序可以引起上级对不起诉案件的审查。而且我们国家没有采用公诉垄断原则，当事人还可以向人民法院直接提起自诉。没有哪个检察官会愿意冒着个人声誉受损和职业安全受到挑战的风险在这个问题上做手脚，因为这是一查一个准的，而且本来就有救济的程序，如果有问题上级直接可以撤销不起诉决定。

说到滥用权力的问题，检察官的个案决定权，与审批制下的批量决定权相比，只是一种分散性的权力，其腐败的成本一定高于批量的决定权。这是体现了简单的经济学原理。而且，没有行政职务的检察官在对抗监管的能力上远远低于具有行政职务的领导者，更容易被监督制约，而不是相反。

因此，如果滥用是有可能的话，可能性一定是更小而不是更大了。

事实上，我们真正担心的不是权力被滥用，而是权力下放本身。权力下不下放都可能被滥用，如果不可能被滥用，一般来说也不算什么真正的权力。我们恐惧的其实是失控感。

而司法办案责任制必然带来审批制的失控感：原来要找你批的案子不找你批了；原来需要请示汇报的现在不请示汇报了；原来别人问的案子你基本都知道，现在已经基本不知道了。这就是放权的产物。原来不用审查也可以拍板，虽然背离司法规律，但是权力感是满满的。现在由审查者决定，审批者的权力被剥夺，虽然顺应了司法规律，但是感觉总是酸酸的。我们都知道这就是司法责任制的要求，这最符合亲历性的原则，由最了解事实的司法官作出决定也最有可能接近实体正义，这与审理者裁判的以审判为中心原则也是一脉相承的,但是审批者就是看不惯。

理由肯定是很多的:可能滥权啊,年轻啊,对刑事政策不了解啊,所以要加强管理制约。但是当年实行审批制时,冤假错案又是怎么产生的呢?司法办案责任制不就是为了避免这些问题吗?原来层层审批,不是管理制约得最充分吗,怎么还出问题呢?是缺少管理制约的原因吗?还是管理制约可能变相成为行政审批,进而演化成行政干预与不审而定。

司法的公正是靠监管出来的吗?

司法的公信力不是管出来的。

司法的公信力来自于程序公正下的司法良知。

良知诉诸内心,表面脆弱却无比强大。

无数颗炽热、坦诚的法治之心可以汇成公正之河,浩浩汤汤、川流不息。

千百个司法官个体虽然具有主观性,对法律的理解存在细微的差别,不尽一致,但又是最不容易被标准化、模式化或者行政化的,是抵抗司法专制的最有力的防线。

它的优点有三:一是分散性,行政干预的成本高,让一个人听话是容易的,让一百个人都听话很难;二是复杂性,司法官直接审查案件的细节,而每个案件都有很多细节,司法官可以依据这些庞杂的细节相对抗,使干预不容易渗入实质层面;三是内心的不确定性,人心隔肚皮,尤其是隔着千百张肚皮,你不知道他们怎么想的,更不知道他们以后会怎么想,一旦案子交给他们，控制将越来越难。

司法良知的基础是职业荣誉感和尊严，每个人在内心深处都有一个善良天使，而司法官内心都有一个正义女神。他们渴望主持正义，以及由此带来的成就感，工资待遇是一方面，司法决定权是更重要的方面。

说话算数的检察官才是真正的检察官。

而我们靠什么来保障检察官不做恶？靠的是程序的制约，复议复核、申诉、被害人自诉都是法定的程序，另外很多地区的不起诉公开审查也是有益的尝试。

但这些程序一定得是司法化的，而不是行政化的，是就事论事，而不是责任追究。

司法工作归根结底是个良心活，不是流水线的工作，也无法通过工业管理模式提高品质。

我记得《罗马人的故事》曾经提到了罗马将军与迦太基将军的区别。罗马将军不习水战，曾经在迦太基的水战中多尝败绩，但罗马元老院不但不处罚，而且还让他继续任职。元老们说，他的荣誉已经受损，这已经是最大的惩罚了，而且他可以从失败中汲取教训，这也是成功的基础。而迦太基将军一旦遭受挫败就会受到严厉的惩罚。罗马人深信荣誉和内心的力量，他们将陆战经验融入水战并最终战胜了迦太基。这也是罗马人成功的重要原因。

信任其实就是最好的监管，荣誉感就是最好的监督者。

信任是司法办案责任制的精髓所在。

所谓用人不疑，疑人不用。

其实对司法公正伤害最大的，不是经验不足，而是蓄意地扭曲——甚至是以公正的名义。

而这恰恰不是监管能解决的。

信任能激发荣誉，荣誉能建立自信，自信才会鼓起勇气主持正义，最终获得实实在在的公信力。

不起诉作为检察机关的起诉裁量权，是检察机关的法定权力，应该放开手脚，保障每一个检察官能够大大方方、堂堂正正地行使，只要个案没问题，比例不再是问题，真正的问题应该是被不起诉方需要认真思考的，当然检察机关也有义务对其予以监督。应该通过不起诉权的行使打通案件质量的传递通道，传递证据标准，形成倒逼机制，最终提升整体的司法公信力，这才是检察机关最大的责任，也是最大的成绩。

无罪恐惧论

不久前在法律读库《金庸父亲被枪决的前前后后》一文中看到"邓小平接见金庸之后,浙江省海宁县委、县政府与嘉兴市委统战部、市侨办联合组织调查组,对金庸之父查树勋的案件进行了复查,发现是件错案冤案,遂由海宁县人民法院撤销原判,宣告查树勋无罪,给予平反昭雪"。

才知道金大侠也有这样的身世。

2018年夏天,聂树斌的父亲也带着儿子的无罪判决走了。

他生前对老伴说:"现在吃的穿的都有,我再没有什么遗憾了,就是我走的时候,你记得把树斌的判决书给我带一份。我拿着到地底下好向人解释,咱儿这一辈都清清白白。"

清白对人有多重要,几乎跨越了阴阳两界,可能会影响几代人的命运。

我们办的真的不是案子,而是别人的人生,甚至是他全家人的人生。

虽然以审判为中心了,但为什么我们还是会谈无罪色变?

我们心中的恐惧到底是什么?

这里面有深层次的体制问题和心理成因,需要我们好好反思。

无罪怎么了?

该判有罪就判有罪,该判无罪就判无罪,难道这不是最基本的司法规律么?无罪又怎么了?

无罪不就是一种实事求是、主持公正的司法态度吗?是非曲直不是本该这样简单明了吗?

但是现实并不是非黑即白的,现实永远是灰色的。

想判无罪哪有那么容易,无罪往往会深陷体制内外的多重误区之中,成为法律人的魔咒。也是制约法治进程的重要瓶颈。这一定程度上也包括了不起诉、撤案等其他无罪化处理方式。

误区之一:无罪等于冤假错案

这是体制内外的一种普遍性的误解,越是远离办案一线,误解就越深。

一方面是因为亡者归来等冤假错案往往也是以无罪的方式予以纠正。这些案件往往时过境迁,不仅是无罪,而且是以审判监督程序作出的无罪判决。这些案件的处理给公众以及体制内的其他人员都留下了深刻的印象,在所有的无罪判决中是最突出的,最吸引眼球。

给人的感觉就是:冤假错案长了一副无罪的样子。

无罪成为冤假错案的标签,也比较容易识别。对于诉讼程序内作的无罪和另行启动审判监督程序对生效判决作出的无罪,外行人却很难区分。

另一方面,无罪是极小概率的事件,给人的印象是无罪必有大事,而且还有相当比例的确是冤假错案造成的,已经逐渐让公众形成了一种惯性思维。

不是冤假错案的无罪也鲜有报道,因为证据变化、法律意见分歧或者法律发生变更而产生的无罪是很难了解到的。能够报道的,广泛传播的,都是冤假错案的无罪,或者案件质量有相当大问题的无罪,这些报道更有挖掘点、更吸睛,传播自然也就更广。这些就构成了公众对无罪的基本认知。

并非公众无知,而是这种偏见是日积月累的信息选择性供给的产物。公众对无罪的陌生感、疏离感也对这种误解起到了促进作用。

误区之二:无罪就是负面评价

有个老领导说,无罪就是你有责任。这个态度一定程度上代表了管理层和体制内的普遍看法。

无罪无疑是所有指标中最差的指标了。

无罪的判决就一定正确吗?也不一定。但是无罪的判决被推翻的少之又少，极少数的无罪抗诉成功了，但是为了避免刺激法院，也同样鲜有报道。至于经过审判监督程序作出的无罪判决，又被推翻再次追究并认定有罪的，笔者至今从未听说过。

而且无罪判决也不是轻易作出的，程序是十分复杂，态度是非常慎重的，据此无罪判决就形成了一种天然的公信力。而且指出的问题很多时候都是准确到位的，因为没有完美的案件，证据链条绝对连贯完整，对证据的判断理解、对全案证据的整体判断，每个人都有不同的看法。论证完整性是艰难的，否定完整性相对容易。对法律认识存在不同的理解也是正常的现象。

这些心理基础与无罪就是冤假错案不谋而合。

无罪就意味着案件质量问题，进而就意味着司法责任问题。

但，是这么回事吗？

起诉是否意味着要百分之百地判决？起诉的条件是否要与判决完全一致？如果不是，那么无罪几乎是必然的，只是一个概率问题。

这也体现了审判的中立性，就是指控过来，不一定就获得有罪判决。

另一方面，检察机关也不能过于吹毛求疵，只要有一丝无罪的可能性就不能提起公诉。

说白了，司法依靠的就是一个内心确信。

既然是内心就没有什么百分百，更不要追求有罪判决率的百分百。

对于无罪案件追责，不能唯结果论，重点还是要看是否存在故意和重大过失。

如果无罪追责不能松绑，对无罪的恐惧就不能解除。

说什么指控应该有一定弹性，应该勇于担当都没有用。

对无罪的态度不应该是恐惧，而是敬畏，敬畏的不仅是司法权威，而是法律的良知，是当事人无辜的眼神。

对无罪的恐惧绝不是检察官个人意义上的，而是整体意义上的。

无罪作为负面指标的压力是自上而下的：指标层层通报，压力层层传导。

这既有无罪等于冤假错案的外部误解和压力，也有对自身职责、能力的不自信。

表面上是对人的不信任和不自信，实际上是对司法制度的不信任和不自信。

不仅是外部的不信任和不自信，也有我们自己的不信任和不自信。

但是本质上，其实是对公众承受能力的误解，觉得无罪的案件多了老百姓接受不了，对司法公信力有损害。但是最后的结果反而适得其反。

误区之三：公众承受不了那么多无罪

这是最大的恐惧和最深的误解。

这就是一种确定性对不确定性的恐惧。

一方面，司法规律这只看不见的手与市场规律这只看不见的手是一样的，自有其规律。

民众心理的涨落起伏，与供求曲线的涨落起伏相吻合。

无罪的判决多了，大家也就习惯了，真没事也就不害怕了。

这种我们以为的不良指标，反而成了司法公正的正向指标，不是进去了就一定有事。

如果你没事，那就很有可能不被定罪。

无罪反而让公众免于恐惧，而不是增加恐惧。

正义可以得到伸张，只要你有道理。

另一方面，纵然再高明的犯罪人，对罪行的掩饰再深，公诉人只要内心确信，也可以大胆起诉，犯罪嫌疑人应该接受法庭的审判。

对公众承受能力的担忧，其实是对不确定性的焦虑。

本质上是法治产品的"计划经济"。

不是根据法治的需求供给法治产品，而是根据人为的测算、想象来提供法治产品。

这是以人有限认知的能力和有限的管理成本应对千变万化、日益复杂多样的法治需求，其结果就是供给日益无法满足需求。

具体有三个方面的表现形式：

一是缺少与需求端的真正互动；

二是对负面消息缺少平常心；

三是人为制造平衡，从而失去了需求端的真实反馈。

需求—产品—反馈—优胜劣汰—更好的产品，是司法规律的真实链条。

人为地代替需求、臆断需求，最终必然切断需求端和供给端的反馈链条，使司法规律失效，短期内可能会掩盖一些质量问题，但最终必然丧失及时改进质量的时机，失去优胜劣汰、优化司法资源配置的功能，效应就是市场整体疲软，需求端对供给端失去信心。

司法责任制和去行政化的根本不仅在于调动司法官主体，还在于司法产品生产者的积极性。同时也要让供给端与需求端建立直接的沟通反馈渠道，根据需求调整产品的供给，淘汰落后产能，提高产品质量，创新性地提供更加富有法治含金量的产品，实现供给和需求的动态匹配和动态调整。

我们对无罪的恐惧其实就是切断了无罪作为法治信号的反馈功能，失去了反馈互动的机会。

我们应该少一分恐惧、多一分敬畏，面对无罪的平常心其实就是对司法规律的信仰。

如果你信仰法治，你会知道无罪只是法治的自然规律。

就像痛感之于人体，虽然不舒服，但却是避免重大风险必不可少的信号。

司 法 观

与人生观和世界观相类似,对司法工作的基本看法和观点,对司法目的和意义的根本看法,可以统称为司法观,它指导着人们对法律、法治和司法行为的理解与判断,决定着司法行为选择的价值取向和对待司法行为的态度。在观念不断多元的今天,在公众之间甚至在司法人员之间对一些案件和法律事件都呈现多元化的态度,有些时候还莫衷一是,究其根源,是司法观缺少系统的建构,有些时候不在一个层次上讨论,确实存在着根本性的差别。而理念是行动的先导,什么样的理念决定什么样的行为,什么样的司法理念必然也决定什么样的司法行为,徒法不足以自行,法律总是存在需要解释和判断的空间,案子总是需要人来办,证据事实总是需要人来判断,在这里理念问题至关重要。因此,在深入推进法制建设的过程中,有必要将这些司法观念予以系统化,形成一套指引司法行为的司法观。

权力观。你办的其实不是案子,而是别人的人生,这是一种战战兢兢、如履薄冰的司法权力观。不是把案子当作一个活儿,而是把别人的生命、自由、前途、命运捧在手心里掂量。体现的是对法律的敬畏,是把人当作人的态度,一种把办的案子当作别人人生的态度。因为只有用心体会案件背后的真实动因,才能了解案件的细节和独特性,才能具体而微地实现公平正义。因为具体才真实,这一切只有带有感情才能体会。不是把当事人当作符号,不能简单地把案件的起因笼统地归结于"琐事",不是冰冷的逻辑推演,而要带着一分了解之同情,带着人性去实现公平正义。这其实是对人的社会属性的洞察,是对理性人假设的一丝怀疑,是对不得已的命运处境的理解,是对人类个体不完美的接纳,是对刑罚功能有限性的深刻认知,也是在体现着刑罚的谦抑性。这种权力观体现的是一种更高的司法境界,以善治来补充法律的滞后性、模糊性等不足,避免陷入机械执法的窠臼,也就是在体现司法与立法的有机互动。司法不是机械地执行立法,而是帮助立法更好地适应这个变化飞速、日益多元的时代,结合人性进行试错检验,避免背离立法者的初衷,并与当下的社会发展水平和社会文化相契合,从而更加深刻体现法律的伦理基础和道义基础,让人更加心服口服。当然,在案件的重压下,这样办案要付出更多的时间和精力,一部分司法官选择放弃这种更高标准的追求,而选择机械化地办案,把司法当流水线,把自己当螺丝钉,效率是提高了,但效果却没有了保障,违背常情常理常识的个案不断出炉。表面上提高了司法效率，却给社会埋下长久的隐患，增加社会的对立面，减损公众对司法的信任度，甚至滋生报复社会的情绪，社会治理成本大幅度增加。这是一种简单机械的权力观，追求短期目标，忽略长期价值，最后使司法付出更多的成本。当然这背后也有检力资源需要进一步优化、司法责任制需要全面落实的制度性原因，需要从整体上加以解决。

证据观。让正义不但被看见，还要被看清楚。让人看不明白不是司法应当追求的，而恰恰是应当反对的。"模糊"是冤假错案的开端，而"麻木"是推手。冤假错案主要是证据问题，而证据最怕的就是细节。这些关键的细节事实能不能被有效地证明，直接关系到整个证据体系是否扎实。这些细节不牢，整个案件结构也会轰然倒塌。有时候，笼统用一句话来概括一下疑点重重的案件，可能会容易一些，因为负罪感会小一点，但如果深入细节，就很难再编下去了，就像瞪着眼睛说瞎话，确实有点难。因为细节离证据太近了，在没有证据支撑的情况下编的每一个细节都像是在挑战自己的道德底线，这有点像远距离发射导弹与用刺刀杀人的关系一样，离得越近就会越血腥，负罪感也会越强烈。每个人都可能会撒谎，但是把谎话说得有鼻子有眼也不是每个人都能做到的，它直接挑战人类的心理底线和道德底线。在证据上注重细节，增强事实表述的叙述性，就是在用人性来防止冤假错案。当你对那些关键的细节写不下去的时候，那一定就是有些证据还不充分，有些疑点还没有排除，至少内心还不够确信。这个时候要做的不是轻易地把被告人送上法庭，一诉了之，而是反躬自省，反思整个案件，去补充完善相应的证据，倒逼侦查机关提高侦查质量，最后如果穷尽这些都不能完成细节的合拢，那只能作出不起诉的决定。

程序观。程序不是走过场。检察机关处于司法程序的中枢环节，这个关口不但要把住，还要成为案件质量的传递通道，将不断提高的证据标准和审判要求及时传递给侦查环节。对检察机关来说主要就是发挥审查的实质作用，避免够罪即捕、凡捕必诉。要全面彻底地审查证据，充分把握案件的实质，在大是大非的问题上不能有丝毫含糊。也就是在事实、证据上不能有任何的迁就和妥协，就是要有打破砂锅问到底的决心和勇气，从实质层面上把握住案件。审查实质化也必然意味着要发现一些侦查中的问题，有些甚至是严重的和根本性的问题，因此会通过不捕、不诉的方式体现出来，当然更多的时候是完善证据的意见。这也是将以审判为中心的证据标准向侦查前段传递的结果。应该向侦查机关传达一个明确的信号：不按新的标准来，此路不通，从而让侦查人员主动寻找提高办案质量的出路。而且这种传播是有针对性的，办案质量不高的人员收到的信号越多，对他的影响也就越大，也就越能引起重视。只要有问题，就有信号反馈，即使是具体而微的问题，也会有具体而微的反馈。这些信号的反馈汇成的洪流才会冲垮以往的侦查惯性，将侦查引入更加合法、规范的轨道上来，从而使整个刑事诉讼程序走上正轨，形成"审查—引导—反馈—规范"的良性循环。这就是审查引导侦查的基本原理。但是审查引导侦查绝不是简单地传导压力，它也是在传授方法，是一种建设性的压力，是一种有方向性的引导。它不只是简单的捕与不捕、诉与不诉，还是指出为什么和怎么办的过程，是通过审查整合检警关系，也为庭审实质化铺平道路，这也是引导侦查的实质化，就是要解决问题。

这体现在两个方面：一是连续引导。捕诉一体了，对这个案件的把握、引导可以一以贯之，对侦查人员的反馈、沟通也是一以贯之，保持了一个信息接收反馈的连续性，从而也就保持了标准传递的连续性，减少了沟通层级、增强了沟通的亲历性、提高了沟通的深度，并因此形成了更加稳定、持久的检警微观联系通道。二是专业化引导。以案件类型划分办案机构或办案组织单元，专业化成为基本格局，专业化的检察办案组织在引导的过程中将逐渐显现出专业化的优势。这种引导不仅是个案意义上的，也是类案意义上的，甚至是侦查基本方法论意义上的，因此审查的方法论，也必将成为侦查方法论的先导，从而将审查和侦查在方法论上形成有机的统一。

司法观看似虚幻，但却潜移默化地影响着司法行为，日用而不自知，对司法观的认识过程是一个从自发走向自觉、是司法者不断走向成熟的过程。因为我们深知我们办的不是案子，而是别人的人生，是公众的价值观，是国民对法治的期待。

让检察官当家做主：从理想变为现实

多年司法体制改革的理想，今朝变为现实。司法责任制的确立是本次《人民检察院组织法》（以下简称《组织法》）修改的最大收获，并使之成为检察机关内部权力运行的核心机制，体现了司法体制改革去行政化的决心。《组织法》第8条就明确规定了："人民检察院实行司法责任制，建立健全权责统一的司法权力运行机制。"让检察机关从内部运行上回归司法机关的本色，真正让检察官当家做主。这不仅仅是一种象征和姿态，就像《组织法》中所规定的，它体现的是一系列的运行机制，是检察权运行制度体系的根本性调整，触及了很多根本性问题，有些是以条文的形式直接体现出来的，有些则是隐于文后，需要我们仔细体味。

1. 司法办案责任制的本质

对于检察机关来说，司法办案责任制的本质就是建立以检察官为中心的组织体系，实际上体现的是以检察业务为中心，而不是以行政管理为中心，其本质是去行政化。其最主要的方面就体现为检察官办案责任制。《组织法》第34条规定：检察官对其职权范围内就案件作出的决定负责。检察长、检察委员会对案件作出决定的，承担相应责任。也就是"谁办案谁负责，谁决定谁负责"。这只是形式层面的意义。真正的意义是绝大部分案件将由检察官决定，也就是《组织法》第29条规定的：检察官在检察长领导下开展工作，重大办案事项由检察长决定。检察长可以将部分职权委托检察官行使，可以授权检察官签发法律文书。因为重大办案事项必然是少数，因此绝大多数的法律文书都可以授权检察官签发，这为检察官办案决定权建立了基础。也就是说，司法办案责任制就是从检察长独揽检察决定权的一元权力结构，向检察长授权检察官行使部分决定权的二元权力结构转变了。这种授权甚至不仅仅是办案意义上的，还包括检察事务权。《组织法》第33条就明确规定，检察官可以就重大案件和其他重大问题，提请检察长决定。这种二元权力结构就是司法责任制之于检察机关的本质。

而这种授权方式并不是一案一授权的随机模式，目前在司法体制改革的过程中普遍以检察官权力清单的方式固定和确认，实际上形成检察权运行的二元权力结构的稳定状态。随着司法体制改革的深化，对检察官行使权力必要性的认识不断提高，放权的力度也在随之提高。以北京市检察机关为例，就实行了"抓两大放两小"的原则，即重大疑难复杂案件和可能影响其他执法司法机关判决、裁定、决定的诉讼监督案件，仍由检察长（副检察长）、检察委员会决定；一般案件的处理决定权，以及所有案件的非终局性事项、事务性工作决定权授予检察员。目前已经将放权的范围延伸到不批捕、不起诉领域，对于一般案件的批捕、起诉，包括不批捕、不起诉，未成年人刑事案件附条件不起诉，均由检察官依法作出决定，检察长（副检察长）不再审批。目前，放权的实践效果良好，不起诉适用率在不断提升的同时，复议复核率不升反降，表明公安机关对不起诉决定的质量也是认可的。但是从地域分布上看，朝、海、丰等大院放权力度更大，一些案件量小的院在不起诉的适用率上低于平均水平。

这又引发了深层次的问题，放权或者说是推行司法办案责任制的原因到底是什么？是因为检察长管不过来，还是因为提高办案质量的需要？事实上，按照三级审批制，检察长也并不亲自管大量的案件，而是逐级授权副检察长、部门负责人履行审批权限，实际上三级审批也是一个放权原则，也不是事事审批、件件审批。三级审批的本质是逐级审批，行政化审批，案件的决定权不是依托于审查，而是依托于行政级别。也就是用行政化的方式管理司法问题，这背离了司法亲历性的基本原则。而亲历性是心证的形成机理。司法人员对全案心证的最后形成，是众多个别的心证（主要是对各个证据的判断）积累和综合的结果，其间需要经历量变到质变的过程。显然，司法人员只有亲历诉讼，直接感知证据与事实，精心审查每个证据的客观性、关联性和合法性，并综合全案证据作出自己的判断，心证才能真正形成。[1] 因为对证据与事实的直接感知，能够使事实判定者掌握生动的信息内容，而这些信息内容是形成合理心证最重要的保证。[2] 否则，如果司法人员单凭听汇报、阅卷或根据案外因素对案件作出判断，那就不可能形成符合该案实际的准确的心证，司法不公或冤假错案就难以完全避免。这里需要特别指出的是，直觉对心证的形成往往具有重要作用，而直觉只有亲历，包括对被告人、证人近距离观察才能获得。直觉是人脑的高级机能，具有非逻辑性和非理性，但研究表明，司法人员的判断从来都不是首先在制定法的指导下完成的，而是依据其从社会生活或职业训练中获得的直觉作出的一个基本的案件归类和判断，然后才去发现他认为是比较适当的思维，进而对自己的直觉进行考察和修正。[3] 这就是司法的基本规律，也是司

---

[1] 朱孝清：《司法的亲历性》，载《中外法学》，2015（4）。
[2] 龙宗智：《论建立以一审庭审为中心的事实认定机制》，载《中国法学》，2010（2）。
[3] 苏力：《基层法官司法知识的开示（续）》，载《现代法学》，2000（4）。

法责任制推行的基本原因，不是检察长管不过来的问题，而是不能以行政化、科层制的方式去管司法办案的问题。司法办案责任制就是让形成心证者做决定，就像让看病的医生开处方是一个道理，这就是在遵循司法规律，也是检察机关司法属性的直接体现。即使是重大案件的检察长决定，也要剔除中间的审批环节，让决定者距离案件尽量近一些。这也是高检院不断推行的检察长亲自办案的初衷。就是让这些不能够放权的案件，也尽量按照亲历性的原则，由检察长亲自办理，从而最大限度减少听汇报审批情况的出现。使检察权二元结构由纵向的科层结构，进一步向分案办理、分案决定的横向结构转变。所以司法办案责任制最大的本质就是尊重司法亲历性原则，司法办案责任制成为检察权内部运行的核心机制的确立，就是检察机关司法属性的进一步强化。司法办案责任制的深化过程也就是检察机关对自身司法属性的理解深化过程。当然检察官的独立性是相对的，不是绝对的，因此检察权采用的二元结构，是由检察长授权下的检察官办案责任制，检察长可以调整对检察官的授权，可以行使职务收取、转移等权力，统一调配检力资源，但更多的是机制层面、制度层面的管理，体现在管方向、管政策、管原则、管干部，从个案审批的微观管理向全院全员全过程的宏观管理转变，在基础层面更多地还是要尊重检察官的亲历性，保障检察官权力行使的稳定性。

2. 真正实现以办案为中心

司法办案责任制就是以检察官为中心重构检察权运行机制，而以检察官为中心就是真正以司法办案为中心，以检察业务为中心。但这是一项系统工程，牵一发而动全身。

其一，要给检察官放权。只有说话算话的检察官，才是真正的检察官。因为，放权将形成一种认知压力。就像教孩子骑自行车，一开始的时候你帮他把着，他就有依靠，自然是不害怕的。你一旦松手，他自己掌控车把，就害怕，手就抖。但是，只有你真正放手，让他知道他要对自己的命运负责了，他才会真正学会自己把握方向，手也就不抖了。觉得放手了检察官就不会办案了，就一定要出错，其实是一种"家长思维"。你一天不放手，孩子就没有成熟的一天。检察官也一样，只有让他独立面对案件，他才能真正学会把握事实和法律。很多检察官说，现在也没人审批了，反而要更认真了，因为错别字都没人管了，但是案子还是要终身负责啊，甚至起诉书还要公开啊，出了问题全是自己的。放权其实是一种认知压力。所谓亲历性，对案件的审查判断就是一种对未知的探索，是带着法律思维对证据之路的一次冒险，因为你的判断未必对，很可能出错，除非你认真。只有认真才能避免出错，只有亲身经历的认真审查才是通往正义的必由之路。亲身和认真缺一不可，缺少亲历性可能背离真相,但是不能做到认真将没有能力探寻到真相。

也有一些领导说,放权会害怕检察官滥权,但这是一个伪命题。因为责任追究制度并没有因为司法责任制而有任何的松动,相反由于权力从集中行使变为分散行使还增加了腐败的成本。事实上,有这种误解的人其实是将权力当作了一种可以任意挥霍的资本,好像有权就可以任性。事实上,权力首先意味着责任。就是权力用不好,除了法律的追究之外,还有良心的谴责。在放权之后,在心理承受上将没有任何屏障,没有人可以推诿。而这就形成了压力,这种压力反而可以成为检察官认真办案的动力。

其二,要给检察官松绑。好的检察官不是管出来的,而是干出来的。责任除了过错追究以外,还意味着信任。所谓用人不疑,也就是放权不疑,不能不放心。对放权的犹疑必然会成为行使权力的顾虑,最后必然产生审批制的回潮。成了对检察官的"杯酒释兵权",导致检察官将权力自动上缴,司法责任制必将失去意义。具体体现在对案件监控的过度紧张,对无罪多头复查,案管、上级业务部门,甚至检务督查部门层层复查,反复通报,唯结果论。从而导致检察官对证据的过度敏感和紧张,轻易不敢起诉,但是不批捕、不起诉案件也是重点复查对象,案件质量监控形成两头堵效应。但是证据不足的案件是堵不住的,如果还是不敢起诉,在已经放权的情况下,就会形成上检察官联席会,部门负责人、主管副检察长对不起诉文书事前审核等变相审批制度，从而提高了不起诉的审批成本，换来的是带病起诉的增加，最后以撤回起诉换无罪，但这需要法院的配合，从而必然以牺牲审判监督为代价。另外，为了规避不起诉流程，相对不起诉被极大压缩，从而导致了轻罪案件的高羁押率和高起诉率。案子办了，但是效果谁来关注？本来经过亲历审查的检察官是最了解案件情况的，也最明白如何处理案件效果会最佳。但是经过变相的流程监管之后，案件的走向变了味。对案件除罪化的处理意见成了徇私枉法的作案嫌疑而层层喊打，日益复杂的变相审批环节也让检察官视为畏途，索性一诉了事。通往地狱之路就是以善意铺就的。可以预见的是，短期内有可能使审批制回潮，背离亲历性规律，从而增加冤假错案的风险，长期来看必然严重损害检察机关的公信力。因此，信任应该成为责任的前提，在遴选时把住关口，在履职时给予充分信任，在责任认定和追究时不要过度紧张，是司法责任制推行的必要保障。

其三，顺畅履职可以成为检察官的内在激励。能定的就自己定，这既是最符合亲历性的办案方式，也是最有效率的办案方式。这种效率本身就是对检察官的一种内在激励，是对检察官专业能力的一种认可和褒奖。权力—责任—压力—认知—处断，将成为司法责任制的内在激励链条，形成一种职业成就感。任何一个环节被打断都将影响检察官自身积极性的发挥。以督办机制为例，对于一些重要案件或者特定类案，检察机关内部形成一种上级院对下级院的督办机制,这就使案件的决定权不能由检察官本人行使,甚至都不能由本院决定,需要层层汇报、层层审批。每个办案节点都要汇报,并等待指示。这就导致案件的决定流程人为延长,案件的决定者与案件办理者之间的距离越拉越长,与亲历性越来越远——成为司法办案责任制的一种例外,或者是阻却事由。有些检察官说,既然督办了那就是事事交由上级决定吧,自己能够沟通协调的,也不想沟通协调了。这表明了一种态度,其实就是对其内在激励机制的中断和破坏。而且拉长的决策审批流程牵扯了上下级多名检察人员的精力,隔着亲历性这一玻璃天花板,再认真的督办也难以代替承办检察官的审查,而承办检察官审查积极性的影响是后续的认真督办所难以挽回的。正因此,这种情况是应该极力避免的。虽然是检察一体,但更多体现的是检力资源的调配,充实办案力量,组织精兵强将去审查,而不是在审批流程上层层建构。因此,有必要改变现有的督办模式,最大限度限定此类案件的范围,变审批式督办为直接提办。这才是检察一体化的本质。事实上,《组织法》第24条也对上下检察机关的权力关系进行了限定,只有四种:(1)认为下级人民检察院的决定错误的,指令下级人民检察院纠正,或者依法撤销、变更;(2)可以对下级人民检察院管辖的案件指定管辖;(3)可以办理下级人民检察院管辖的案件;(4)可以统一调用辖区的检察人员办理案件。而且这些决定还需要以书面形式作出。可见,《组织法》明确将上级检察管理权的范围限定在司法领域。行政审批不是检察一体化的本质,司法办案责任制＋检察资源的整合才是检察一体化的本质。

其四,司法办案责任制还需要必要的配套机制。一是以办案为核心重新配置检察资源。在内设机构的设置上和检力资源调配上都体现以办案职能为中心。检察官员额的数量实行省级总量控制、动态管理。动态管理的标准应该是办案,将有限的检察资源向核心检察业务集中,要以审判中心和检察职能发展为导向重新配置检察资源。充分把握检察辅助机构和行政管理机构设置的必要性原则,保证检察主业在资源配置上的优先性。精简辅业机构和人员,也是在减少检察官承担综合性工作的负担,减少了"派活"的人,增加了"干活"的人,实际上办案的力量也就得到了成倍地增加,专注度也更高,只有这样才能做到真正以办案为中心。二是转变传统的办案机制。突出的就是逐渐实现去审查报告化。以往的办案模式可以说是以审查报告为中心的,"审查报告中心主义"是与侦查中心主义和司法行政化相伴而生的。侦查中心主义制造了大量的卷宗,司法行政化要求承办人对这些卷宗进行审阅、整理、提炼、分析和论证,形成更为清晰的报告,也就是案件审查报告,以便逐级审批和汇报。检察官的大部分精力都消耗在审查报告的撰写过程中,所谓办案,大部分就是"打报告"或者"打卷"。之所以如此,主要有两个方面的原因,一方面是庭审形式化,变数小、挑战小,除了个别的案件,大部分案件没有人关注庭审的效果,庭审不是检察工作的主战场,出庭能力也不会作为检察官的主要评价依据。事实上,庭审也不是整个诉讼流程的重心,重心在侦查,主要载体是卷宗。因此,检察官的工作重心也是在庭前,在案头。还需关注的是司法行政化。案件的审查权和决定权分离,为了让远离亲历性的决定最大限度地还原案件全貌,检察官必须想方设法将案件的事实和证据提炼好,这当然要耗费检察官的大量精力。审查报告的精细化程度往往取决于决定者与检察官的审批距离,距离越远精细化程度越高。也就是审批流程越烦琐,审查报告的精细化程度也就越高。审查报告成为整个案件审批制度的重要载体,从而尽量保障案件信息的准确传递,审查者与审批者就是通过它们进行交流。某种意义上审查报告就是司法审批大厦的砖石,没有审查报告,司法行政化就会无以为继。正因此,以往的办案模式中也就格外重视审查报告,并欣赏审查报告的撰写能力,从而保证司法行政化的大厦能够建立在坚实的基础之上。但是由于信息传递的耗散效应,传递越远就越容易失真,尤其是很多亲身的体验不易被转化为自然语言,从而导致不少冤假错案的出现,进而也催生了近年来的以审判为中心的诉讼制度改革。落实司法办案责任制之后,审查报告的审批也就失去了意义。失去审批意义的审查报告,只剩下证据摘录、审查意见记录等功能。但是随着信息化的发展,电子卷宗系统的推广,记录功能已经没有太多的实际意义。事实上,北京市检察机关在推进认罪认罚工作过程中,就实行了繁简分流,对于一年以下的速裁案件不再撰写审查报告,直接撰写起诉书;三年以下的速裁案件,审查报告可以表格化或者不撰写;所有认罪认罚案件不再撰写三纲一辞。从而极大提高了办案效率,据估计减少了约30%的工作量,使检察官从烦琐的事务性重复劳动中解脱出来,将更多的精力放在出庭工作和诉讼监督等创造性工作上来。

3. 重构检察权运行的内部机理

司法办案责任制不仅包括案件,还包括司法事务;不只是检察官一个人的事,它牵涉到检察权运行内部机理的重新调整。

一是检察官与检察长直接建立联系。检察官的权力直接来自于检察长。检察官是在检察长领导下开展工作,不是检察长领导副检察长,副检察长领导处长,处长领导检察官开展工作,不再是金字塔结构。而是直接由检察长领导检察官开展工作,这就是扁平化的本质。中间不隔着任何层级,除了重大案件以外也可以汇报其他重要问题。这不是不要检察一体,而是更加紧密的检察一体,更加直接的检察一体。比较大的院,可以由副检察长分担检察长的管理职权。但是部门负责人不再是一级审批层级,为了保证司法责任制的彻底落实,保证检察长—检察官的直接性、扁平化领导方式的落实,还要尽量淡化部门负责人的人事领导权。因为能管住人,案子也就被管住了。部分案件量比较小的院，存在由副检察长兼任部门主任，部门中实际上是副主任主持部门工作的现象，在人数如此少的情况下，还要保持金字塔式的科层制架构，实属没有必要。这些检察机关可以设置综合业务机构，或者干脆不设业务机构，直接由检察长或副检察长分管若干检察官即可。本来最应该实行扁平化的，却没有实行，实际上就是行政化的流弊没有完全去除。

二是去部门化与去行政化。《组织法》第18条明确规定，人民检察院根据检察工作需要，设必要的业务机构。对于基层院来说，可以设置综合性业务机构。"可以设置"的含义自然包括了也可以不设。这是一种去行政化的体现，中间层从整体上退出了案件决策流程，通过必要性的强调，目的也是进一步体现"去部门化"。"去部门化"与"去行政化"一样，不是说完全没有，而是体现了一种趋势。这种趋势就是以检察官为中心的检察权内部运行机制。那部门负责人应该管什么？中间层掌握的权力其实是检察机关行政权力的体现。事实上，无须担心中层无事可管，而需要担心的是要防止其侵犯司法办案责任制。中间层掌握的行政权具有一种天然的扩张性，只要没有明确规定不能管的，都可以管。检察官对此没有任何制约的权力。虽然看起来不管案子，但把人管住了，案子自然也就管住了，甚至更容易管住。由此司法办案责任制也就形同虚设。部门负责人的人事管理权包括：人事调配权、考核评价权、干部提拔推荐权、请假批准权等，难以尽数，这些权力决定了检察官的晋职晋级、提拔进步甚至基本的工作状态和工作环境。比如办案组调配权，检察官和助理如何搭配，搭配几个助理，搭配哪个助理、哪个书记员，是否配置辅助人员，只是部门主任一句话的事。本来应该在检察长领导下开展工作的，实际上是在部门主任领导下开展工作。部门负责人的权力是一种行政惯性，非经改革不能破除。在建立检察官权力清单划清检察官权力界限的同时，也应当进一步明确部门负责人的权力清单，将部门负责人与检察长之间、部门负责人与综合行政管理部门之间划清界限，减少模糊地带和空白地带，为司法办案责任制的行使留下安全空间，防止司法权被行政权侵犯的风险。司法权与行政权相比有很强的被动属性，它是只管案子不管人，对事不对人，行政权是既管事又管人。而从人性层面来说，权力行使者只对授予者负责，也就是只对管人的人负责，那样《组织法》建立的检察长—检察官二元权力构造将轰然崩塌。办案是检察官负责，检察长决定重大案件和事项，管人还是三级管理，甚至是以部门负责人为主，那办案从实质上也逃脱不了这种行政层级，因为案件不可能脱离人而独立办理。因此要从制度层面淡化部门负责人的人事管理权，有些可以由综合行政部门组织实施，比如考核评价，有些应该收归检察长，或者由检察长授权副检察长行使，比如办案组的调配权，应该保持必要的稳定性。确实需要行使必要业务管理职权的省级以上检察机关，可以保留部分的业务指导权力，主要承担办案责任的下级检察机关，应该将部门负责人从行政管理岗位逐渐转变为专业权威岗位，可以参考首席经济学家、首席工程师，建立首席公诉人等专业岗位，变行政命令为专业引导，不是管人，而是以业务水平服人、以业务能力引导人。

三是优化检察官的工作环境。检察官其实也不是单打独斗，而是配置了必要的司法辅助人员，而组成办案组。独任制检察官办案组是常态，在特定复杂案件中会设置协同办案组，由多名检察官组成，由一名检察官作为主办检察官行使组织、指挥权。可以说检察官办案组就像家庭一样，是检察机关的最小单位，这个单位具有不可分性，其管理模式没有明确的定义，很难有一定之规。总之就是检察官负责，司法辅助人员承担辅助作用。这有别于审判机关的合议制，每个人都投上一票，最后以多数意见为准。独任检察官就是以检察官的意见为准，协同办案组就是以主办检察官意见为准，这是检察一体化的体现。而从根本上说，是由心证的形成特点决定，即使再庞杂的证据都要统御到一个心灵中才能形成综合性的印证，形成一个结论，在法庭上也是以一个声音进行指控，不能使控方分裂成几个派别成为研讨会。同时，由于收集准备证据的过程还需要及时性，不能总是商量。检察官不是被动的听取，而是不断作出决定，并付诸行动的那个人，能动属性是检察官办案责任的根源。正因此，办案组的稳定性是司法办案责任制的稳定性基础，非经检察长决定不能随意调整。检察官办案组将逐渐代替部门成为检察职能划分和行使的单位。根据《组织法》第42条规定，检察长应当具有法学专业知识和法律职业经历。副检察长、检察委员会委员应当从检察官、法官或者其他具备检察官、法官条件的人员中产生。可见，部门负责人这一层级不再是检察官晋升为副检察长的阶梯，《组织法》明确规定副检察长应当从检察官中产生。这也是进一步压缩管理层级，进一步去行政化实现管理扁平化的产物，检察长和副检察长并非高不可攀，对检察官来说只是一步之遥，从而鼓励检察官只要办好案件，发挥好司法职能就能够大有作为。而没必要老想着一定要当个部门副职或者部门正职。同样，也使中层干部增加了一些危机感，检察官不再是其下属，而是其同事，大家其实在一个起跑线，中层的行政权力缩水了，才有时间研究案子。同样，也使检察长从权力金字塔上走下来，与检察官之间不再是隔着好几个层级，不再是说不着话的人，而是需要经常沟通接触的人。而这本身就是在去行政化。

司法责任制既是点燃检察改革的星星之火，也是滴穿行政化巨石的水滴。经过多年的艰辛尝试、探索，在本次《组织法》的修改中终成正果。但是，司法责任制扛着去行政化的大旗出发，其道路必然是曲折的、渐进的，但其前途也必将是光明的，因为它是司法规律的回归，是检察官天然使命的回归。与其说是改革，不如说是一次迟到的"归来"。我们的出发并不是在权力分配的蛋糕上博弈，只是在努力寻找日渐迷失的本我。司法责任制改革是一场检察官的人性解放运动,就是要打破无处不在的行政枷锁,像实现"包产到户"用价值规律来引导人性一样,用司法规律来引导检察官的人格,实现我们一直期待的每一个个案的公平正义。

压力是最好的老师

有人说兴趣是最好的老师,其实我认为压力才是。

汤因比说:适度的环境刺激产生了文明。环境极度恶劣,没有基本的生存条件不能产生文明;环境过于优越,也无法刺激人类的发展。

1.

是的,压力是一种刺激。

大抵就是生于忧患,而死于安乐也。

所以才有:天将降大任于斯人也,必先苦其心志,劳其筋骨,饿其体肤,空乏其身,行拂乱其所为,所以动心忍性,增益其所不能。

所以司马迁说:文王拘而演《周易》;仲尼厄而作《春秋》;屈原放逐,乃赋《离骚》;左丘失明,厥有《国语》;孙子膑脚,

《兵法》修列;不韦迁蜀,世传《吕览》;韩非囚秦,《说难》《孤愤》;《诗》三百篇,大抵贤圣发愤之所为作也。

这个发愤有个前提,那就是压力。

文王不身陷囹圄,可能就没有这个工夫把八卦原理系统化;孔子如果仕途顺利,可能也会失去作为教育家和历史修订者的动力,就好像仕途与学术很难兼得,压力不同,需要适应的东西不一样;屈原也一样的,不放逐也是一大才子,但是不会这么悲情,其作品不会这么直指人心而流芳千古。

其实司马迁自己也是一样的,当没有什么其他东西可以证明自己,只有这部史书的时候,下的功夫肯定不一样。如果司马迁身居高位,只是组织一些文人编撰史料,还能写出无韵之《离骚》?

苦难,不顺利的环境对人类来说也是一种环境刺激。

能够激发人类适应环境的生存本能,这个本能就演化为发展进步的动力。

压力是物种进化的动力。

进化的动力不是兴趣,而是生存的压力。

兴趣是相对的,而压力是绝对的。

兴趣从本质上也是一种认知压力。

就连达尔文自己也一样,要不是华莱士寄来论文,提出自然选择的观念,达尔文感受到理论提出者名分归属的巨大压力,也许不会这么早提出进化论。

惰性是人类的本性，是对环境适应的稳定状态，只有外界的刺激才能打破安逸现状。

2.

被动地克服压力，变压力为动力，是勇气；而主动接受甚至寻找压力，拥抱压力就是一种能力。

压力的本质是竞争。

因为资源是有限的，如果只有一个人是理论的提出者，那达尔文和华莱士就构成了竞争关系，因为竞争所以达尔文加速了。

改革开放，除了吸收先进经验，很重要的一条就是引进了压力。

将中国放在世界这个大舞台上去比较,比较就产生了竞争。

引进外资，构成"鲶鱼效应"也是引入竞争。

有竞争当然有淘汰，有输赢。

但是也只有这样，才有进步。

置之死地而后生也。

闭关锁国的损失不仅是技术信息获取上的损失，也是压力供给上的损失。

封闭造成的只是虚幻的唯我独尊，没有比较当然没有伤害，自然也就没有压力。

封闭是压力的屏蔽器,没有竞争的压力,享受的只是一时的安逸。

失去的是进化法则上血与火的洗礼,回头还是要补课。

加入世界贸易组织也是在引进压力,是在同一个贸易秩序下的竞争。

即使是需要保护的行业也往往有一个期限,因为抱着的孩子长不大。

你会发现那些越是及早参与到竞争的行业,反而越有生命力,比如白电行业。

淘汰得越惨烈,重生得也就越坚强。

因为他们最早感受到压力,也拥抱了压力。

这种对压力的感受,就是压力感。

3.

而压力感以个人为基本单位。

企业的压力不是笼统地体现在所有员工身上。

企业的压力主要体现在企业家身上。

春江水暖鸭先知。

他们是企业的决策者,也是市场压力的感受者和主要受益者。

先有企业家而后有企业。

中国经济的崛起正是因为有这批弄潮儿。

也就是说压力要落在个人头上才会发生效力,所谓责任到人,责任明确,才能压力到位。

当然企业家也要通过企业才能克服压力,这时企业家与企业是一个有机联系的整体,企业家通过企业发生作用,盈亏也要由企业承担。

这就像包产到户的家庭一样。

家庭成员能够感受到共同的压力,同时分享共同的收获,不会去计较每个人的分工。

他们就构成了命运共同体。

压力传导到位,才会做出反应。

压力还有另外的一面就是利益攸关,损失和获得的归属都是明确的,才会产生压力。

只有损失没有获得的可能性,本质上是一种惩罚,不算是压力。

只有损失和获得是相关的,是明确的,才会激发出克服压力的动力。

就好像说包产到户,如果多打粮食不归自己,那这个动力就出不来。

司法责任制也是一样,在强调责任到人的同时,也应该强调荣誉、权力到人。

4.

司法责任制、以审判为中心诉讼制度改革的背景下，检察官最重大的压力就是庭审的压力。

这个压力就是庭审实质化，日益公开透明，对抗更加激烈，而且变数增加。

但是我们要学会如何利用这种压力。

感受到压力是一种能力，寻找压力、主动投入压力当中，利用压力进行自我提高更是一种智慧。

因为一切的自律，终究都是一种他律。

去年我们上线了出庭能力培养平台。变行政组织命令为公诉人自己发布观摩庭，相互预约，相互评价，出庭、观摩、分享出庭经验都可以累积经验值，然后据此进行排名。

除了打破行政壁垒，形成出庭经验分享的统一市场之外，更重要的是提供了一种压力供给。

因为庭审实质化的压力不是立刻显现的，事实上在很多庭审中还显现得很不明显，但这是一个不可改变的大趋势，我们必须提早做好准备。

我们所提供的只是一双眼睛，那些爱与不爱的关注都是一种无形的压力。

只要有一个人旁听，尤其是能看出门道的同行，你当然会多认真准备一些。

每一次都认真准备了，日积月累必然进步。

事实上，这里并没有技巧的传授，只是一种压力的传导。

但是仅仅是这种传导就构成了打磨出庭技巧的动力，你会想方设法提高能力。

出庭的模式没有一定之规，因人而异、因案而异，但是其实你心里知道怎么做会更好一些，你会为此不断地复盘，修正自己。

同时这个平台也会吸引你去向别人学习，向其他公诉人行注目礼，也给他们传导压力，也开阔自己的眼界，向实践学习。

这个系统的秘密其实就是压力的相互传导，并通过相互传导而受益，同时经验值的累积也会吸引你，不断出庭、观摩也就是不断地传导压力，构成了压力—能力的良性循环。

正因此，我认为压力才是最好的老师。

作为系统的设计人，为了起到示范作用，从去年7月开始，我自己共出了10场观摩庭，其中北京市院，一、二、三分院，东城、西城、朝阳、海淀、丰台、石景山、通州、大兴、房山、平谷、密云等区院，河北省院、沧州市院、黄骅市院共计81人次参与旁听，涉及公诉、经济犯罪检察、金融犯罪检察、职务犯罪检察、知识产权检察、审判监督、检察管理监督、检察技术等多个条线，参与人员包括全国检察业务标兵、北京市十佳公诉人、北京市检察业务专家等资深公诉人。

我对他们每一个人都深表谢意，因为你们的瞩目就是我最好的老师，你们给了我无形的压力。

很多庭都是晚上准备的，记得河北省三级院来旁听那次，既要准备庭审，又要准备这个系统的介绍，所以搞到晚上12点，但是看到外省同行满意，就感到很开心。

如果不是那么多人来看，肯定不会下这么大力气去准备，这是一句实话。

昌平院的王雪鹏去年出了三十多场观摩庭，拿了年度公诉人的第一名。

元旦放假那天他特意跑回单位去看系统有没有自动发布年度公诉人的榜单，结果果然发布了，兴奋之余，他给我发来一些话，道出了心声。

他说："虽然只是精神鼓励，不过有鼓励总是好的。""我的体验就是，确实需要多交流，尤其是和其他院的交流。有人观摩，准备充分，重视了，自然效果就出来了。水平也就是这么一点一滴提高的吧。""所以平台真正的价值不是排名，而是通过这种方式多鞭策自己认真出庭，认真办案。"

是的，平台的真正价值是压力，是压力的供给。

这个供给就来自彼此的注视，也就是观摩，其实也是一种学习的过程。

通过彼此的学习，产生了对彼此的压力。

这种压力是千金难买的。

模拟法庭是难以获得这种压力感的。

上过战场的士兵和参加演习的士兵,是不一样的。

这个不一样主要体现在心理上。

压力感必须建立在真实的基础之上,是真的有人旁听,才会因真实的压力获得真实的进步。

只有你知道你说的每一句话都是有法律效力的,只有你知道你出庭的效果直接影响定罪量刑,只有你知道台下的同行会对你评头论足,你才会真的感受到压力。

虽然每个人对压力的感受不一样,有些人感受不明显,有些人能将就,有些人选择逃避,但是大多数人会或迟或早做出反应。这就够了。

压力对大部分人都会产生作用,它会加速整体的进化。

又由于竞争,会增加压力的供给,从而使进化加速。

其他人的进化,也会给观望者构成压力,虽然是潜移默化的,但是最终必然会带动整体的进步。

我们从不奢望所有人都能进步,我们只是希望提供给每一个渴望进步的人以公平的机会,包括学习的机会,也包括展示自己的机会,最重要的是获得压力的机会。

事物的发展,总是一小部分人率先接受新事物,或者说率先拥抱压力,感受到压力,对压力做出反馈,他们获得进步之后,中间层的大多数人才会跟进,使竞争的舞台从蓝海变成红海,然后竞争加速,整体上获益,成为习惯,最终将绝大多数人卷进来。

压力就是撬动整个进化过程的杠杆。

这个系统就是创造了一个压力供给系统。

当然,压力感也来自于内心的荣誉感。

荣誉感会产生一种绑定效应。

虽然只是偶然地获得了进步,但是进步所带来的地位或者影响力会带来一种满足感。

失去了这种地位会产生一种损失厌恶效应。

为了保住已有的荣誉,必须付出更大的努力,这个努力的强度与竞争的强度成正比。

这种超额的付出使偶然的、侥幸的进步坐实为一种真正的实力。

这种真正的实力又构成追赶者赶超的障碍。

但是事实是,终会有人跨越这个障碍,获得新的地位,就构成一轮新的荣誉保卫战。

这些捍卫—反超循环,就是能力提升的阶梯。

没有人在传授技巧,他们传授的只是压力本身。

如果有一种技巧的话,那就是即席表达的艺术。

也就是针对庭审的状况进行随机应变。

更加考虑受众的接受度,更加考虑实质效果。

从形式化、书面化的出庭向实质化、口语化的出庭转变。

这是一个艰难的过程,其中也伴随着巨大的压力。

去年我批评过公诉腔,写过《公诉"老炮儿"的味道》,就是在说这个事。

我从在市院出的第一个庭起就给自己立了一个规矩,那就是尽量脱稿出庭。

虽然一开始很艰难,很多话也不一定能说全,说到位,但是你会发现真得能被听进去。

你会看到现场瞩目的眼神,甚至有时会让法庭凝固,我知道这就是我想要的效果。

还有一些讲课、演讲的机会,我也会刻意要求自己这样做。

比如去年在贵阳举办的全国第十期优秀公诉人高级研修班上,我用一个小时的时间介绍出庭能力培养平台,我第一次尝试站着脱稿讲,内心是忐忑的,过程也未必十分流畅。但是能感受到大家有一种带入感。

收获最大的还是自己,不是什么技巧,其实是对抗压力的承受能力,或者说是对压力的管控能力。

压力会迫使你事前充分准备,尽快进入心流状态,将内容烂熟于胸,真正成为自己的东西,成为可以随时调用的知识。

压力是打开心流之门。

压力还会迫使你在现场激发出火花,是本能的应激反应,是灵感的原生状态,这是预演也预演不出来的效果。

每一次即席发言都是无法重复或者模拟的,它就属于当下的气氛,属于当时那个集体的意识流。

这个道理和出庭是一样的。

即席发言不是说不要准备，相反要准备得更充分，但最重要的就是可以根据现场随时调整。而不是翻找答辩提纲，真正激烈的庭审，一定是双方全情投入，故事情节不可能都被一个人预见到。

对于这个答辩提纲，包括讯问提纲，我一直有不同的看法，我认为它们顶多可以作为一种参考，至于能否作为一种工作文书存在甚至归档，建议重新研究。

真正所谓的答辩提纲，是在压力下日积月累的磨炼，是自己头脑中随时可以调用的知识。

不能随时调用的知识，就说明不是你的，当然你也用不好。

当然，出庭也不仅仅是考验公诉人的语言技巧，出庭的基础还是证据。

这个证据的获得是前期侦查的结果。

所以，如果说好的出庭效果是重要的法治产品的话，那原材料就来自于侦查机关。

因此如果想要出庭产品过硬的话，还必须实现庭前产业链的升级。

也就是要将压力传导给侦查机关。

如果说庭审给公诉人构成压力的话，本质上是指控失败的压力在起作用。

这些压力只有传导给侦查机关才会使检察机关与侦查机关

构成指控的命运共同体。

这个通过不批捕、不起诉传导案件质量标准的过程其实就是刑事指控体系的建构过程。

这个过程不是零和博弈的过程,而是压力传导的过程。

让侦查机关感受到压力,才能对压力进行相应的反馈,提升侦查质量,打牢案件的基础,最终使指控的依据更加充分、牢靠。最终,侦查能力也得到了进化。

庭审的压力,当然也需要检察机关的传导,才会使得侦查机关与检察机关同向而行,这才是检警一体化的过程,是指控命运共同体的塑造过程。

任何的迁就都不是在打击犯罪上的真正配合,而是对压力传导的阻隔,是对侦查能力提升的牵制,是对精准打击犯罪能力的削弱。在这里真正体现出:严是爱、宽是害。

压力传导才是更加长远的配合,是负责任的合作,是对队友有一说一。

因为对我们所有人来说,压力都是最好的老师。

书记官制度之提倡

无恒产者无恒心。

无稳定的事业预期,也难以期望有稳定的职业实践。

很多人说检察院的书记员没有法院的书记员管事。比如,法院的书记员可以直接给检察官打电话,但检察院的书记员很少与法官直接联系,法官基本不用操心手续的事情,甚至有些能干的书记员还代为起草简单的司法文书。

这一方面有职责的原因,另一方面还有更加稳定的职业预期的原因。比如在法院,每年有一定比例的书记员可以遴选入事业编,相比于合同制,待遇和稳定性可以提高一大截。虽然与法官有差距,但至少可以作为一项稳定的工作干下去。个别检察院也有类似的机制,但是相比于法院来说机会少很多,很多检察院就没有类似的上升通道。正因此,法院书记员队伍的稳定性更强。

这种稳定性也会带来法院在司法流程运行方面的相对稳定

性和成熟度。

记录、手续问题看似简单,实则对办理质量具有重要的影响,这直接决定了程序的公正性和司法效率,进而影响了司法公信力。而且还要与方方面面的人员打交道,其成熟度、稳重度关乎机关的整体形象。

一个能干、稳定、可靠的书记员能让法官、检察官少操不少心,否则可能处处都是雷。

有人说检察官助理可以从事类似的工作啊,而且实际上权力清单上还写了类似的职责。这固然也是可以的,但是不要小瞧了记录、手续这些工作,新手未必干得熟练。而且检察官助理是检察官的过渡性阶段,更多应该参与证据审查、证据调取、庭前准备等实质性工作,程序性工作更多的应该由书记员来完成。

书记员其实也是一种正式的司法职业,他的名称叫书记官。我国台湾地区的书记官就要履行文书、研究考核、总务、资料、诉讼辅导等事务职责。书记官的行为对外会产生相应的法律效力,程序性的权力也是一项重要的司法权力,具有特定的、独立的司法地位,应该享有稳定的职业预期,以保持队伍的稳定性。

根据相关的保密规定,合同制书记员不能处理一定密级的文件,但事实上这些书记员所记录的提讯笔录、所办理的文书手续有些就是重大敏感复杂的案件,他们过手这些重要信息,却没有一个稳定的身份,显然与办案安全的管控规定不协调。

在司法改革的背景下,司法办案责任制逐步落实,检察机关基本办案单元司法功能不断强化,很多也配置为 1+1+1(1 名检察官 +1 名检察官助理 +1 名书记员)模式。原来公务员编的书记员基本都转成了检察官助理,书记员作为承办人的职业准备功能基本消失。书记官作为一种相对稳定的司法职业融入检察办案组织的趋势基本显现。但是苦于没有稳定的职业预期,合同制书记员无法完全安下心来做事,某种意义上影响了检察机关办案的效率以及程序流转的成熟度和稳定性。

检察官要操心检察官助理的事、检察官助理要操心书记员的事,检察官没有充分享受实体辅助和程序辅助的司法改革红利,心不能完全静下来,基本办案组织内部的职责分工仍需优化。

这个关键点就在于检察书记员的稳定度。

破解之道就在于书记员制度的建立。

这应当成为法官、检察官正规化、职业化、专业化的配套性制度安排。

这是以最小的行政成本获取最大的司法收益,这是一项性价比相当高的司法改革措施。

但是为什么他们要得这么少,却总是得不到?

主要原因在于我们并没有太重视书记员所从事的工作,更深层次的原因是我们对流程性、程序性的司法工作重视程度不够。为什么后勤都可以有事业编,而参与司法工作的书记员没有?长期来说,这对司法规范化和司法公信力无益。

具体考虑，可以设置一定比例的事业编指标，每年定期从合同制书记官遴选，比如20%，逐年适当增加一定比例。同时在事业编书记官中再优先选择若干书记官长，负责管理、培训书记员的工作，并可吸纳为公务员。

从职责来讲，可逐渐将检察官助理的程序性职责向书记官转移，尤其是事业编的书记官可以承担相当比例的程序性事务和辅助性司法事务，使得检察官助理有时间辅助检察官从事实质化审查工作，检察官可以腾出时间思考案件的核心问题、权衡起诉裁量、拓展诉讼监督工作，发挥审前主导作用，提高出庭能力，发挥指控和证明犯罪的主体作用。检察基本办案组织的内部分工将得以优化，检察基础效能将得到更加充分的发挥。

书记官虽然从事的是基础的、烦琐的司法工作，但他是司法大厦根基中不可分离的一部分，其稳定度直接关系到司法效能的稳定度，其积极性的发挥也直接影响司法效率，其能否规范履职必然关乎司法公信力的高低。

他们是司法职业共同体的一员，不是永远的临时工。

法治向何处去

看了张军检察长的报告,这份彷徨消解了很多,直观上有三点感受:

1. 法治竞赛效应显现

检法两家的报告都将敢于主持正义、坚持法治原则、依法作出除罪化处理作为重要的司法成效。

检察机关对不构成犯罪或证据不足的决定不批捕168 458人、不起诉34 398人,同比分别上升15.9%和14.1%。即使是黑恶犯罪,也要"坚持以事实为根据、以法律为准绳,是黑恶犯罪一个不放过,不是黑恶犯罪一个不凑数。侦查机关以涉黑涉恶移送审查起诉,检察机关不认定9 154件;未以涉黑涉恶移送,依法认定2 117件"。

人民法院依法宣告517名公诉案件被告人和302名自诉案

件被告人无罪。较之以往重打击的司法惯性有了一个重大的转变，而且得到了公众的热烈支持。

从两个反杀案和赵宇案到法官因坚持作出无罪判决而立功受奖，均因良好的法治效果而产生自下而上的激励效应，进而使司法工作人员更加执着于坚守法治，产生一种良性竞赛效果。在追求法治的路上比学赶帮，在2018—2019年间集中凸显，成为中国法治进程的重要拐点，应该为法治历史所铭记。

2. 人性化司法观念逐渐确立

法律从来不是公式，现实情况也不应被机械化地处理。唯结果论的本质是将人抽取为符号，不去考虑常情常理的伦理基础、现实生活安排的不得已、人的应急反应局限、行为过程的总体走向以及内心的真实动因。

抽取一个侧面、一个环节，只问结果不问过程，最终的结果是人性被抽离。司法公式化、符号化，带来的是不问青红皂白的行为导向错乱，引入丛林法则的深渊。规则缺少确定性的伦理导向，就会使正义被压制。

但是从近来的一系列标志性案例，我们看到了司法中所闪现的人性的伟大光辉。让正义不被压制，让主持正义的勇气得到鼓励。

张军检察长在报告中讲道："将一起抗诉改判案作为案

例,确立了无身体接触猥亵行为与接触儿童身体猥亵行为同罪追诉原则。针对校园暴力发布案例,明确成年人遇到未成年人欺凌弱小,制止无效,可以对正在施暴者进行正当防卫,不应视而不见、路过不管。"

在几个正当防卫的案例中,检察机关确定了不能苛求在情急情况下精准控制反击力度和部位、从反击行为的完整过程整体看待行为目的等原则。

从行为的完整过程和实质性质来看待,充分考虑案件的前因后果,充分考虑行为的伦理性质,以常识常理矫正机械性执法的判断误差,带着感情去理解这个真实的世界,带着人性去实现公平正义。只有这样,对案件的处理才会恰如其分,才会符合实际,也才能因此打动人心,为人信服。人性化司法观念逐渐树立起来。

3. 格局重塑焕发活力

司法资源是有限的,如何配置关乎司法产品的效益和品质。司法改革就是司法资源的优化配置,以内部挖潜、结构升级的方式适应新的法治需求。在这一轮司法改革过程中,从力度和深度上看,以检察机关最为突出。

张军检察长在报告中强调,满足新时代人民日益增长的美好生活需要,必须首先解决检察机关自身跟不上的问题。把内设机构改革作为检察工作创新发展的突破口。针对批捕、起诉职能关联性强,分别行使影响办案质量和效果,改为捕诉一体,同一案件批捕、起诉由同一办案组织、同一检察官负责到底。

案件的压力将贯穿于整个刑事诉讼的始终,不再是各管一段的阶段性视角而导致的短期行为,案件的进展将始终牵绊着检察官的心。捕的时候必然要考虑为诉做准备,甚至提前介入时就进行实质化的审查,及早发现问题,及时引导侦查,为案件后续的起诉、出庭工作扫清障碍,并将检察机关的证据意识以及不断提高的证据标准,从侦查初期即持续传递给侦查机关,确保案件质量。

通过不捕、不诉的方式,将以审判为中心的证据标准向侦查前段传递。这种传递是有针对性的,越是办案质量不高的人员收到的信号也就越多,对他的影响也就越大,引起的重视也就越大,只要有问题,就有信号反馈,即使是具体而微的问题,也会有具体而微的反馈。这些信号的反馈汇成的洪流才会冲垮以往的侦查惯性,将侦查引入更加合法、规范的轨道上来,从而使整个刑事诉讼程序走上正轨,形成"审查—引导—反馈—规范"的良性循环。这就是审查引导侦查的基本原理。

这种引导不仅是个案意义上,也是类案意义上的,甚至是侦查基本方法论意义上的,因此审查的方法论,也必将成为侦查方法论的先导,从而使审查和侦查在方法论上形成有机的统一。

在证据基础进一步夯实之后,检察官将在法庭上强势回归,使检察官成为人格化的检察制度,以指控立德、立言、立行,以思想力、语言力、行动力赢得实实在在的公信力,将以往分散用力的检察布局向主业方向集中,打造检察核心竞争力。

从外部来说,就是从人民的需求出发,强化保障公共利益,通过系列标志性诉讼向以雾霾为代表的不良环境、生态、食品药品等民生领域体制性问题开炮,通过公益诉讼整合全社会公益资源,系统性、全方位地对民生领域的积弊开刀,为公众代言,为亿万百姓发声,扛起优化社会机理的大旗,使公益诉讼成为新时代检察制度的战略增长点。

这是法治建设的新方向。

第二章 相对论

不用怕

我们总是害怕恶,我们经常低估善意的力量。

善意的力量是种子生长、滴水穿石的力量,是汇入大海的涓涓细流,是黑夜中远方微茫的一丝光。

正当防卫不起诉既是给勇敢者以正义,更是释放一种司法善意,让弱者不用害怕,让正直的人更有勇气。这是一条善意的传递链条,从而产生连锁反应,并呈几何倍数放大。当沉默的大多数昂起头,作恶者心里就要掂量一下。

去昆山出差,与出租者司机聊天,他说原来放高利贷的上门都很凶的,现在都不敢太过分了。我说:反杀案有效果了?他说:当然了。

司法传递的绝不是一个案件的正义或者不正义,它传递的是一种价值观和行为导向,进而对社会规则和公众心理产生影响。这就是司法的社会效应。这种社会效应是潜在的,不易察觉,但却是坚定而持久的,它浓缩为三个字,那就是:

不用怕。

当你面对恶行而反击时不用怕唯结果论。

当你帮助别人反击时不用怕法律不问青红皂白。

当你以应急反应反抗严重侵害时不用怕分寸掌握不好。

这一系列的案例就是要传达一个明确的信号：法不用向不法低头，不用怕。

这是在给正义托个底，是给善良者的定心丸。

通过这样一个信号，事实上传递了一个更大的信号，那就是正义一定会被伸张，善良的人可以免于恐惧。

这是法律被信仰的道义基础，或者说是法律的伦理学价值。

每当法律与伦理相向而行的时候，它的公信力就会达到最大化，这也被法制史所一再验证。

伦理是维系社会的基本道德观念，它是构成人类社会的底层逻辑。它是朴素的正义观念、公认的价值观以及人性的基本构成要素。

当我们评价案件的时候，除了法律的逻辑，我们还要用常识、常情、常理来检验，我们会说每个人心中都有一杆秤。

评价法律的优劣，以及司法行为的公允与否，我们都会用到这杆秤。

只有司法尊重这杆秤的权威，它才会尊重司法的权威，从而使司法获得更大的权威，那就是对法律发自内心的信仰。

这是一种良性的互动。

认罪认罚也是一种良性的互动。

认罪认罚的本质其实是节约司法资源，促进犯罪人早日回归。定罪判刑并不是目的，教育转化挽救才是真正的目的。刑罚的目的不是区隔和标签化，而应该是预防，所谓预防再犯的根本途径当然是犯罪人自己对法律和司法的信服。

认罪认罚不仅是一道回归的金桥，更是一道善意的金桥，是通过司法释放的善意，来感化和激发出犯罪人内心深处的善意。

一个复杂的经济案件，具有很强的专业属性，指控难度很大，但是通过教育转化被告人认罪了，检察机关提出了相对轻缓的量刑建议，被告人不但认罪，而且详细地对犯罪的专业背景进行了解释，在"教"检察官如何证明自己犯罪。在该被告人开始执行缓刑后不久，原来在逃的主犯通过家人主动地与检察机关联系自首事宜并了解认罪认罚的相关情况，最后不用追捕，主犯自动到案并认罪认罚，当然刑罚要重于前边的被告人。

认罪认罚成为传递善意的链条，只有善意才能换来更大的善意。其实不仅是认罪认罚，所有的司法行为都可能成为传递信号的链条，可以是正面的，也可以是负面的，比如冤假错案。冤假错案的要害不仅在于案件本身，更在于它破坏整个司法机关的声誉，就像一个品牌，它是产品的生命。

声誉虽然不会阻止司法权的继续行使，但是会影响公众对它的态度、配合度和信任度，这在以后大量的调查取证、线索提供等方面都会发生作用，是主动热情的配合还是敬而远之，甚至采取敌视态度，对司法行为采取包容理解还是批评不满，对于一个司法机关的运行绝不是无所谓的小事。

这些是我们越来越需要关注的事情。

法律需要被信服才有力量。这种信服必须发自内心，让他及他的家人感受到，让社会和公众感受到。

庭审是最重要的一个平台，不但案件事实证据会被展示，被告人的态度也会得到展示。

一个案件中，上诉人因为赌博走上绝路，有两起命案在身，虽然有认罪认罚制度，但也难以避免死刑。

我跟他说了很多，我说你这个案情放在这，可能无法改变这个刑罚，但是我们会尽我们所能捣毁犯罪的源头，去追查这些微信赌博犯罪。他点了点头，然后我们重点谈线索。我们也确实移转了相关的线索。

开庭的时候，我也肯定了他的认罪态度，我说你的态度检察官看见了，我相信法庭也会看见，法庭应该会予以考虑。对于你的情况，我们颇费思量、反复斟酌，一方面是你的认罪态度，对公安机关的配合有利于侦破案件，包括你提供的赌博的犯罪线索，也对我们有帮助；另一方面是罪行特别严重，我们毕竟还是有死刑的国家，这种情形可能很难不判死刑。

虽然可能改变不了结局，但你的认罪也并不是没有意义的，至少你可以坦然离开，让被害人的家属得到些许宽慰，对你的家人和公众也有了一个交代,这些不是虚幻的,这些也是实实在在的,而且也是有价值的。

最后,上诉人痛哭流涕,向法庭说如果能够给我一个机会,我愿意重新做人,如果最后仍然判我死刑,我愿意将遗体捐献给国家。

书记员说,原来第一次上诉的时候见过他,他的态度非常冰冷。

我将善意传递给他,他也会回馈善意。

这是一个美好的链条,能否连接起来,全在于你对人性是否有信心。

我始终相信人性,我认为每个人的内心都有柔软的地方。

而我相信这些柔软的地方,有着更为坚强的力量。它们安放着人的基本道德秩序。

与法律这个显性秩序相比,它们是维系社会运转的隐性秩序,或者说底层算法。

很多时候法律只有通过它们才能发挥作用。

这是一股不可忽视的力量。

这就是善意的力量。

而我们作为司法者能够传达的最大善意就是三个字:

不用怕。

算法霸权与公益诉讼

最近,第五届互联网大会在义乌召开。我也在关注并思考一些互联网的问题。

前一阵子,都在批评滴滴的管理问题以及经营策略问题,很多建议很有针对性。但是面对日益崛起的互联网公司,联想到几年前百度的贴吧门,以及最近报道的"复大医院"竞价排名问题。我们是不是可以从一个更广泛的意义上,以更宏大的视角来看待这个问题?

这是一个算法统治世界的时代。

那么,算法是否涉及公共利益,算法霸权是否侵犯公共利益,也是我们应该认真思考的问题。是不是也可以作为互联网大会的编外议题讨论讨论?

算法是互联网公司的运营核心规则,其实由于日益地互联网化,很多传统的公司也在算法化。

那么算法到底是什么?

算法不仅是一串代码，不仅是网络程序或者编程语言，这些都是它的表象。

算法的实质是逻辑，以此形成人们基于使用必须遵守的规则。

这些规则就像法律，只是法律还需要司法机关的维护来确认边界。

算法是数学化，是高度确定性也是高度刚性的规则，如果违反了就无法操作下一步，甚至可以通过限制资格、降低积分等方式进行惩罚，同样也可以相反的方式予以鼓励。

算法就是互联网社会的法律。

每一个APP除了服务之外，都代表了一系列运营的规则。

你也可以叫它操作流程、使用方式，不管怎样，它的效力是不可撼动的。但各种网络平台是不由自主的，因此算法规则也是不可逃避的。

但是算法又与法律不同，最大的不同就是它不是基于民主基础之上产生的机制，因此它反映的不是所谓公民的整体意志，它反映的只是一个公司的商业意图。由于互联网公司普遍的免费策略，似乎算法带有很强的公共产品属性，比如微信就比原来的短信便宜很多，功能也更强大。这并不意味着它是一种公益产品，它考虑得更多的是规模策略，规模是盈利的基础，盈利模式更加隐蔽、更加多样化。

这种隐蔽性也体现在百度的竞价排名。

这种方式其实戳破了互联网公司公益性的外衣。

不存在免费的午餐，只是谁出钱的问题。

但是不管谁出钱，这个午餐也不能让人吃坏肚子，更不能要人命。

这就是互联网公司的底线，即不能违反公共利益。

算法可以具有商业目的，但不能侵犯公共利益。

这种侵犯性与个人对公共利益的侵犯很不相同，往往不是简单直接的。

第一，具有高度隐蔽性，非常难以查觉。比如"复大医院"问题，它利用了人们的误解，并不是直接给出错误，而是进行错误的关联。再比如滴滴顺风车乘客与司机的匹配算法，等等。它利用人们的疏忽和潜意识中的冲动。

第二，它具有强大的系统性。算法不是一两条，它是一个规则体系，具有严密性和组织性。竞价排名可不是一两次单一的案例，它是核心盈利策略，是千百万次的商业操作。滴滴对出租车、专车和顺风车也采取了差异很大的运营策略，背后的算法千差万别。

第三，是对公共利益的损害。这种损害是潜在的，但又是非常明确的。竞价排名利用公共服务的外观和长期积累的信任，造成信息误导，从而产生基于误导引发的各种损害结果。滴滴通过放松监管放任了危险车主的运营，通过算法可以让危险车主更容易找到侵害目标，官僚化的反馈机制又延宕了危机的解决,总之对于一个安全性要求非常高的产品,通过忽视安全措施的设置,无形地增加了乘客的风险。这些风险最终演变成了一件件血淋淋的案件。

第四,对公共利益的违反存在企业责任。这些互联网公司的责任有时与社会责任看似不宜区分。比如搜索问题,我是免费提供,凭什么要求搜索结果百分之百正确,您要是信不着我可以找其他搜索引擎啊?刚才说过了,免费午餐并不等于一份有毒的午餐。免费不是免责的理由。我们可以允许数据的有限性,数据的不精确性,但我们不能允许蓄意的欺骗,即使是通过隐瞒真相的方式,或者错误关联的方式。这不仅是一个商业伦理问题,同时也违反了基于信任产生的商业联系。这种蓄意的隐瞒或者关联,是社会难以察觉的,更不要说监管,因此社会无法代替企业履行数据真实性的责任。滴滴更加明确的收费方式,就更是产生了难以推卸的安全责任。出行产品,除了更快更有效率之外,难道安全到达不是更加基本的要求吗?记得几十年前,铁路就在反复地强调,安全生产多少天,公交车司机也被反复关注安全属性,这种公共产品的安全意义已经深深烙在这些传统运输行业的意识之中。虽然滴滴提供的更多的是一对一的出行服务,但基于海量的用户,一定也不会比公共交通部门承载的客源少。但安全还没有刻印在滴滴人的脑海中,也不见有什么安全生产多少天的口号。虽然极端的个案都是在车主与乘客之间发生的,滴滴并没有直接地介入,但是滴滴通过算法匹配的倾向性和筛选的忽视性，实际上是在放大乘客的风险，出事只是一个概率性的问题。在这个问题上，在这些个案的处理上，由于社会的介入隔着滴滴的算法和运营，事实上是很难及时介入的。其实，滴滴算法与外部规则融合的紧密性程度也是这些案件被诟病最多的。

真正的法律难以介入算法调整的范围。这是我们最需要关注的问题。

算法不能成为独立网络，算法本身也要遵守法律。

但是谁来检验算法的合法性？而且，由于公司商业秘密的存在，怎么能够及时全面地进行事前预防？可能还需要比较长时间的研究。

但是笔者认为，目前可以通过公益诉讼的方式对算法进行事后的系统监督。

优先算法关涉公共利益，涉及不特定的多数人。而且个人的力量微弱，除了提出个人利益损害的民事诉讼以外，很难就算法问题提出系统性诉讼请求。而算法性问题不解决，头痛医头脚痛医脚是没有太多实际意义的。这也是这些互联网公司一错再错的原因。

虽然这些公司也承诺进行系统整改，但是自己确实很难当好自己的医生，即使一两个企业痛改前非，也不能保证所有企业都会系统反思，必须引入外部监督机制。

行政管理虽然也是一种外部监督机制，但是由于多头管理，利益盘根错节，很难有根本上的改善。对此，算法问题和雾霾问题具有一致性。

具体来说，可以考虑对《民事诉讼法》"人民检察院在履行职责中发现破坏生态环境和资源保护、食品药品安全领域侵害众多消费者合法权益等损害社会公共利益的行为……"这个"等"进行扩张性解释，除了食品药品安全等领域外，其他与其相关的民生领域，存在广泛的侵害消费者合法权益的问题，也可以纳入公益诉讼的范围。

进入检察机关的公益诉讼才有可能引入强有力的外部规范机制，才能使法律的意志在算法中得到执行，避免算法成为独立王国，法外之法。

确保法律的统一实施本身也是法律监督机关的职责所在。

在算法日益强大的未来，如果不及早考虑这些问题，真正的法律就会存在被算法架空的风险。

司法相对论：确定性与不确定性

目前，《刑事诉讼法》再次面临重大修改，其中一个很重要的方面就是将认罪认罚的试点改革成果正式纳入法律体系，这是中国刑事司法制度迈出的重要一步。虽然它不像以审判为中心的刑事诉讼制度改革那样高大上，但其将产生极为深远的影响。

它突出体现了一种实践理性，是一种务实精神。

不仅仅是繁简分流，或者快与慢的辩证法。

而是直面司法的局限性，利用有限的司法资源实现正义的最大化。

主要体现在三个方面：

1. 确定与不确定

辩诉交易的心理基础其实就是司法官与被告人共同的确定性偏好。（参见《庭审之外的辩诉交易》）

关于认罪认罚与辩诉交易区别的争论已经没有意义，关键不在于它叫什么，而在于它能否解决相似的问题。这个问题就是司法的确定性问题。

司法具有不确定性，有罪的案件不一定能够指控成功，无罪之人也未必就能够完全避免牢狱之灾，这与其说是司法的局限性不如说是人类及其设计的司法制度的局限性。

所谓事实清楚、证据确实充分，也只是一个法律真实，而不是客观真实，对于通过证据还原的过往事实，没人能够做到百分百地还原，它只是法律人对证据的主观认知，既然是主观认识就具有不确定性。

对此，是不是可以用人工智能的方式去除掉主观性和偶然性，实现所谓的一视同仁？事实上目前这还只是我们的一厢情愿。用预先设定的算法包括机器学习的能力，仍然只是机械执行标准，面对纷繁复杂、千差万别的案件事实，微妙差异，算法还不具有这种人性洞察力。如果机器能够做法官，那么几乎可以说机器就可以完全替代人了。

所谓司法其实是创造性地适用法律，这种创造性体现的不是创制法律，而是创制事实与法律之间的联系，创制孤立的证据建构成案件事实的联系，是价值的判断、裁量、分析和微观创造，看起来只是适用，实际上都是创造。

再明确的法律也是自然语言建构的一个语义框架，它的边界或者外延无法完全量化，很多时候都是一个概括的范围，由于时间、地域、人员、情节的不同，以及与其他条件的交叉而产生一定的变化，这个变化需要理性和感性的同时把握，才能掌握分寸，或者司法的火候。

就像量子力学中的测不准原理，司法也有一种判不准原理，100%判决准确不但是不可能的，而且本身也是不符合司法规律的，这个问题大家可以想象。这就是司法的不确定性。

司法的不确定性到底意味着什么？

其实它就是以审判为中心的精髓。它意味着两造平等，辩护方也能说上话，而且有效；它意味着庭审的实质化，法庭最后说了算，不是诉了就能判，庭开得怎么样都无所谓，公诉人要全力指控，不是有卷宗就够了，证据裁判在法庭，分析论辩在法庭；它还意味着公诉人没有必要追求100%或者接近100%的极高定罪率，即便是判无罪也不意味着就是错案，因为司法具有不确定性嘛，司法的前环节没有必要追求与后环节相同甚至更高的确定性，这是不符合司法规律的。

事实上司法的不确定性与无罪判决的概率成正比。

以审判为中心的诉讼制度改革以来有些地方的无罪判决率有所增加，如果算上撤回起诉就更多，这意味着什么？这意味着法庭说话算了，辩护有效果了，不是以侦查为中心了，而是以审判为中心了。

在这种司法不确定性不断提高的背景下，检察机关要有平常心，要卸下保持高定罪率的包袱，要保持必要的公诉弹性，对于具有高度嫌疑，有相当大的证据支持的案件，只要检察官自己内心确信，就没必要因为惧怕不定罪的风险而放弃指控，判不了也不是检察官的错，不但不是错，而且是一种勇气和担当。

警察会在100%确定是嫌疑人的时候再抓人吗，检察官一定要在证据完全完美的情况下再公诉吗，没有人会因为果断和正直而受惩罚，因为定罪本来就不是检察官说了算的，更没有必要对检察官启动一轮又一轮的复查程序。

好像起诉定罪率就应该达到100%似的，这种刻意追求完美的司法要求，不但是不切实际的，而且是违背司法规律的，这个规律就是司法的不确定性，也是以审判为中心的本质。

事实上，司法的不确定性与案件的复杂性成正比。很多人说别看有些案件人多、事多，但我不担心，定罪没啥争议，只是烦琐而已。有些小案子卷没那么多，但很腻歪，不好定。

这话是什么意思？就是所谓的不确定性本身就是一种复杂性，增加了这种复杂性，也就是增加了定罪的难度。证据敞着口，或者彼此有矛盾，在两可之间，进退都颇为纠结。不起诉又觉得可能放纵了犯罪，起诉之后又担心出庭怎么出，矛盾点怎么排除、怎么答辩，考虑的就多，就比较费心思。

需要更多的人类创造性劳动就是复杂性的本质。

需要消耗机械劳动的顶多是烦琐，比较容易通过信息化或者增加人手的方式解决。

真正复杂的劳动不是人多就能够解决的，它需要消耗的是一个具有创造力的人长期完整的心智。

一个案件总要有一个人,有完整的思考、全面的把握,这个人就是承办案件的检察官。不确定性是一种重压,它不仅耗费精力,而且是一种心理压力。另一个要承受这种压力的就是被告人,是否定罪、如何量刑,是事关前途命运的煎熬。辩护人也有这种压力,但是辩护人有一定的选择权,可以选择案件办理方式,在这个问题上有一定的主动性。当然,辩护人在一些非核心案件上也希望能够降低不确定性以便为关键案件赢得时间。而法官作为终局的裁判者虽然握有确定性的把握权,但从审级制度和审判监督制度看,也具有与检察官相似的压力。

对此,控辩审三方在降低不确定性方面的态度是一致的,前提是被告人确实有罪,并且自愿认罪。自愿认罪本身就降低了案件的不确定性。虽然不以口供定案,但是在同等证据水平基础上,能够获得稳定可靠的认罪供述,司法官对案件的定罪信心自然会更足,这就首先缓解了心理上的压力。

定罪之后的核心议题自然转移到量刑,如果对于量刑问题控辩双方能够达成一致,法官有什么必要否定这个合议,而另行下判呢?因此刑事诉讼法修正案吸收了认罪认罚的试点经验,规定"对于认罪认罚案件,人民法院依法作出判决时,一般应当采纳人民检察院指控的罪名和量刑建议",只是规定几种特殊的除外情形。

某种意义上就是将部分的刑罚裁量权交给检察官。事实上,检察官涉足了量刑这个领域，最开始也是比较陌生的，目前已经逐步适应，但是不管怎样，总是要多花一些精力处理这个问题。但这种付出是值得的，因为它从总体上极大地降低了刑事诉讼的不确定性，从而降低了刑事诉讼的复杂性，降低了所有诉讼参与方的心理压力，这极大地提高了诉讼效率。

这种效率的提高对于有罪的被告人是有利的。这种快速处理，可以让被告人尽快摆脱讼累，早早进入服刑状态，很多时候是轻缓的刑罚，或者是缓刑等执行方式，可以让被告人尽快地复归社会，恢复正常生活。因为对于这些案件，被告人的狡辩往往只能产生适得其反的效果，确实耗费了更多的司法资源，但换来的很可能是更重的刑罚，甚至可能是实刑。

还有一部分案件，由于司法的不确定性，由于欠缺一部分证据，司法机关有可能会不得已作出不起诉或者无罪判决，但也有可能就是判决有罪，这就带来了一种不确定性。所有的诉讼参与方都要经受煎熬，包括被告人自己。这种情况必然会延长案件处理的周期，从而增加这种煎熬感。

而且由于被告人本身有罪，内心孤注一掷追求这种不确定的意志并非十分坚决，尤其是与按照认罪认罚的政策获得的量刑减让相比，拒不认罪并非一种明智选择。这种比较和吸引，就具有一种传播效应，从而进一步扩大认罪认罚的适用范围，降低了刑事诉讼整体上的不确定性，从而减轻了刑事诉讼的成本，可以腾出更多精力处理复杂案件。

而追求确定性的目标，可能会出现一个问题，就是无罪的人是否会为了急于摆脱讼累，而策略性地认罪。这必然会给司法机关的公信力造成负面影响。但是由于其自愿认罪，又很难防范，发现的成本可能非常高，除非真凶出现，或者其自身反悔。即使投入很大精力也很难防止此类错案发生。

事实上，这种问题也很难从根本上杜绝，我们的目标也不是杜绝，而是把这种概率降到最低。对此，我们首先要问这种问题发生的根本原因是什么？什么样的人会愿意承认自己并未实施的罪行，而代人受过？除了收受好处费"顶包"的，其他的人为什么要吞这枚苦果？

根本的原因，就是不认罪的定罪可能性依然巨大，且面临更加严厉的惩罚。也就是说，在证据不好的情况下，定罪的可能性仍然很大，无罪的可能性很小，或者说希望渺茫，进来就很难出去，在这种压力下无罪的人才会选择认罪，因为经过他们"理智"的权衡，发现不认罪也没用。

因此，认罪认罚必须以审判为中心的诉讼制度改革的落实为前提，在法庭上的辩诉交易才能保证公正性。没有庭审实质化为前提的认罪认罚，根基不会扎实。

司法的确定性要建立在司法的不确定基础之上，这种不确定性指的是定罪的不确定性，换句话就是无罪的确定性，甚至可以说无罪判决的增加将会提升无罪之人坚定洗脱冤屈的信心。

无罪的人不认罪就很难定罪，很有可能判无罪，而有罪的人即使不认罪也很有可能判处有罪,在这种以审判为中心的诉讼制度背景下,有罪的人才会理智地选择认罪,而无罪的人才会理智地选择不认罪。

这种理智是建立在司法确定性和不确定性的科学分布基础之上的。

2. 经济与不经济

正义是有成本的,不是无穷无尽地供给。

司法作为一种资源具有有限性,它依赖于有限的财政预算,有限的司法手段、办公设施、技术条件,更为重要的是依赖于司法官有限的心力。所谓让所有人满意只是一种理想化的期望,任何人都不可能让所有人满意,任何人也不可能让任何人一辈子都满意,你不能让家人永远都满意,在社会上也一样。所谓满意只是一种主观心态,不能成为衡量一切事物的标准。有些时候别人不满意是你的问题,而很多时候只是别人的问题,需要改变的是他们自己。

司法的目的不是别的,就是在有限的资源条件下,追求最大限度的公平正义。

这就涉及司法资源的优化配置问题,认罪认罚就是要解决这个问题。

认罪认罚就是在降低不确定性,降低不确定性就是在降低司法的复杂度，而复杂度降低了司法成本就降低了。但是成本降低的同时不能以牺牲司法品质为代价，因此需要增加一小部分案件的不确定性，完善结构、增加流程、提高精密度、加大资源投入。这会带来两方面的好处：一方面确保无罪之人最大限度地免受追究，这也是司法公信力的来源；另一方面，由于定罪不确定性的增加，也就是无罪确定性的增加，将极大鼓励无罪之人拒绝认罪的决心，从而保证认罪认罚的自愿性和真实性，减少"顶包"的可能性，同时也将增加控方的压力，传导以审判为中心的证据质量标准，果断行使不起诉裁量权，从而进一步倒逼侦查机关完善证据，提升案件的基础质量。

这是一个良性的双循环，一是通过认罪认罚提升效率，进而为复杂案件赢得时间和司法资源，从而为庭审实质化提供基础；二是通过庭审实质化，传递案件质量标准，提升司法机关公信力，为公民建立信心，理性选择是否认罪，确保了认罪认罚案件的精准性，进一步提升案件处理效率。从而实现了从效率到质量，从质量到效率的良性循环。

因此，认罪认罚与以审判为中心的诉讼制度改革，是推进程序正义的一体两面。

3. 公正与不公正

正义能否被交易？

这是公众始终怀疑认罪认罚出发点的一个根本性问题，需要认真研究。

但其实这个问题本身就有问题。

什么是交易？

一提到交易，就让人容易联想到金钱交易，用钱来交换正义那不成了权力寻租？

事实上，西方的辩诉交易也好，我们的认罪认罚也罢，从来就跟金钱没有关系。

它实际上是有条件的量刑减让，本质上是因为认罪认罚降低了司法的不确定性之后，节约了司法成本，有利于司法资源的优化配置，腾出手来可以更好地解决复杂案件，间接来说是为那些无罪之人免受追究创造了条件，当然这些条件关系是宏观意义上的。即使如此，也是有关联的，有利于效率—质量的良性循环。因为这个才对认罪认罚的被告人给予一定的制度鼓励，而且认罪认罚的态度本身就说明其教育改造的难度下降了，从而给予更低的刑罚是合适的。

这里与金钱交易有什么关系？

可能有些伤害类的案件，给予了被害人一部分的赔偿，有些与被害人达成和解协议，这会成为认罪认罚案件考量的因素，但不是唯一的，而且被害人同意与否不是适用认罪认罚案件的决定性因素，因此并不能左右认罪认罚案件。

事实上，认罪认罚适用的范围非常广泛，不限于轻微案件，也不限定在特定类型，任何案件，即使是最严重的案件，司法机关也欢迎被告人及早认罪认罚，因为越是这样的案件，降低不确定性之后，节约的司法成本也就越多，往往量刑的减让也越多。

量刑的减让实际上也与司法资源的节约度成正比。

所以实际上这不是在交易正义，而是用量刑减让的方式，优化司法资源，从而换取更大的正义。

还有一个可能的问题是，司法不确定性降低，也就是司法程序简化之后，甚至像速裁程序省略了法庭调查和法庭辩论环节之后，还能否保证公正，还能否做到公正，这样做是公正还是不公正？

这实际上是在问公正与程序完整性的关系。

司法程序确是公平正义的重要制度性安排，有独立价值，也是程序正义的本意。

但是公正与程序不是一个绝对的关系。

这里也有一个比例原则，即越是重大复杂的案件，它的程序越是完整。因为这也有一个司法经济的原则。

司法资源是有限的，司法官的时间是有限的，如果在小案子上花的时间多，在大案子上花的时间自然就少。平均分配，吃亏的是重大复杂的案件，是那些最有可能被不当定罪的被告人。

以前是不管大庭小庭，都是半天，这样合理吗？这显然背离了基本的司法经济法则，好钢没有用到刀刃上。

减少什么样的程序，保留什么样的程序，设定什么样的配套机制，是经过精心考量的，从而确保公正的落实。其一就是以审判为中心的诉讼制度改革，使不认罪能够被实质化的审判，能够增加定罪的不确定性，也就是在所谓的法庭阴影下，被告人可以放心大胆地主张自己的意见，如果这个时候仍然是认罪，那就说明认罪的真实性很强；其二是落实认罪认罚的法律帮助制度，确保每一名认罪的被告人都得到专业性的帮助，在签订具结书、量刑协商时能够全面了解自己的权利义务，在法庭上始终有辩护人提供专业辩护，这是第二层保护；其三，虽然速裁省却了法庭调查等环节，但法庭仍然要当庭确认认罪认罚的真实性，对于简易和普通程序的认罪认罚案件，审理上只是适当的简化，这是第三层保护；其四，认罪认罚的被告人仍然享有上诉权利，与其他被告人享有同等的司法救济途径，这是第四层保护。这四重司法保护为认罪认罚提供了基本的司法保障，确保在提高效率的同时尽量不降低司法公正标准。

刑事诉讼法的调整过程实际上就是刑事司法的进化过程。

司法的进化与生物进化一样，都是为了适应环境而不断调整自身的过程，有些环节的复杂性降低了，甚至完全省略了，目的在于腾出资源，增加另外的复杂性，但无论如何都是从功能出发的。这种功能就是追寻公平正义的最大化。

进化也必然是一种本地化的过程，即使外来引进的品种、基因也要与环境相互磨合，了解自身所处的环境，自己可以获得的资源，才能解决当下的问题。

认罪认罚与以审判为中心的诉讼制度改革一起构成中国司法演进历程的双螺旋结构，相互缠绕，须臾不可分离。由此构成的不确定性与确定性的统一体方能开启效率—质量的良性循环周期。

目前，一系列纠错案件的展开，已经标志着司法不确定性的大幕已经拉开。

但如果缺少确定性的辅助，不确定性之路必将难以长久。

而这，就是司法相对论。

案 与 件

当我们在说案件的时候，我们到底在说什么？

不久前，张军检察长提出了"案、件"比这个新概念。

从本质上看，它体现了两个方面的问题：

一个是检察权的松散度；另一个是整个诉讼链条的紧密度。

一个案子，被切分成很多段落来分别受理、分别办理，甚至受理本身也当作办理，程序性工作也实体化计件。从经济学来讲，这是一种非常低效的运行模式，将分散本来就稀缺的办案资源。

而且都叫作案件，实际上是在强调"件"，而忽视"案"，忽视案件本应有的实体审查、实质判断的本质内容。都叫作"件"就是在忽略内容谈数量，在忽略创造性劳动价值。这是一种劣币驱逐良币、鱼目驱逐珍珠的逻辑。

因为你很难在"件"与"件"之间建立难度系数比，无法衡量和兑换。

虽然是程序性的审查，每个人都会强调自己工作复杂性的一面，都会找出一些理由说明其中可能存在一些实质判断，以至于谁也甭想强调谁更复杂。

这是"件"的胜利、数量的胜利，但却是"案"的悲哀，检力资源配置的悲剧。

因为在检力资源配置时总要参考一个系数，在业绩考核时也总要有个参考，那个系数就是"件"。当能够轻松办理一些小"件"，以更少的时间和精力付出取得更大的司法"业绩"时，谁又会愿意办理大"件"和难"件"呢？

这是趋利避害的人之本性，但制度将它放大了。好的制度能够激发出人的进取心，而不是扼杀人的进取心。

"件"的逻辑的最大危害是扼杀人的进取心。

"件"的最初原因是检察职权的内部膨胀，部门不断增加，检察权就被人为切分。核心业务是有限的，当非核心业务部门，甚至综合性业务部门，甚至本来不属于业务部门的部门都希望能够获得与核心业务部门一样的待遇、分享一样甚至更多的资源时，首要方式就是打入业务的核心指标，在"案"和"件"上做文章。在形式上看起来与核心业务部门一样，都是办案啊，而且"件"数更多，那你说业务属性强不强，工作重不重要，让"案件"数说话嘛。

从办事模式向办案模式转型说的就是这个道理。

将非业务进行业务化改造,将完整的业务拆分零售,"件"上去了,"案"并没有增加。

办同样数量的案子耗费了更多的资源,而且本来应该给予重点把握、核心研究的实体性问题,因为被挤压而显得格外"案多人少",格外疲于奔命,审查不能投入足够的精力,为庭审实质化所下的功夫不够大,办案效果自然出不来,甚至还容易产生质量问题。

这实际上是"案件"链条被人为行政化拆分的结果,是一种"大锅饭式"的管理模式,最终产生"大锅饭式"的低效后果自然不足为奇。

这种低效不仅是一个系统内部的,还必然顺着诉讼程序的链条延伸到系统外部。

"件"的分散,不仅是检力资源的分散,而且是职能的分散。

以前退补率高,很多人以为是公诉在倒时间,这可能是一部分的原因,但是结构性的"案多人少"也要负责任。更为根本的原因是侦查取证确实还不到位,诉不出去。如果一个月能办完,有足够的证据起诉,还倒时间干吗?

但是事实上很多时候证据就是不到位,就是差一点,越是专业性强、复杂的案件差的越多,经济案件尤其如此。

但是审查起诉期间的退补实际上已经丧失了最佳的侦查时机,但是以审判为中心,证据标准不断提高,不补充证据又不行。

最佳的侦查时机实际在侦查初期,审查逮捕就在侦查期间,是一个很好的切入口。有些重要案件可以提前介入，但是具有一定的不确定性，而且提出意见的效力也没有保障。

但是审查逮捕阶段的取证意见是有一定的保障的，因为逮捕强制措施对于现行的侦查方式非常重要，他们非常希望检察机关配合。

这个时间点如果能够提出比较详细的取证意见，并在以后每一次延伸羁押期限审查时核实是否完成，将审查逮捕、延长羁押期限审查和审查起诉的审查连成一个整体，就可以从根本上缩短刑事诉讼的周期。

捕诉一体使这个紧密的诉讼流程成为可能，当侦查机关及时落实检察机关的取证意见之后，当检察官通过从审查逮捕开始之后的连续审查，认为已经达到了提起公诉的标准之后，完全可以建议侦查机关尽快移送审查起诉，无须坐等侦查羁押期限届满。

这时的审查起诉阶段就没什么可犹豫了，因为你已经下定决心，审查一直进行，倒时间退补已经变得完全没有必要，"案、件"比自然可以不断下降，从而使刑事诉讼链条成为一个愈加紧密的整体。

审查逮捕的补查意见使检察机关在侦查环节就与侦查机关绑在了一切，可以说是一边侦查、一边审查、一边引导侦查，侦查终结之时也几乎就是审查接近结束之时，实现了侦查—审查的同步化。

而且由于检察权能的整合,一个在诉讼流程上始终绕不开的检察官对侦查人员的制约力也增强了。这种制约力发展的长期趋势实际上是配合力,检察官的话有分量,检察官的补证意见得到重视,在侦查阶段能够得到落实,事后退回补充侦查的麻烦事必然减少。侦查人员也更有精力投入新的案件之中,形成"办完一个是一个"干净利索的良性循环。

这是检警关系的双赢,既然对自己有好处,侦查人员自然没有理由排斥检察官的意见,将逐渐从不得不听,变成主动请教。这对双方都是最优选择,否则大家都麻烦。

这实际上形成了一种协同进化,但前提必须是通过权能整合形成更为紧密的诉讼纽带,才能启动这个进化之路。

检察官在侦查初期提供取证方向和专业性引导,帮助侦查人员从经验性侦查向法律专业性侦查转变,取证更规范、更精细、更到位,对指控更有帮助,也就是助攻更加到位、传球更加精准,不是直不笼统传过去,而是根据你的移动方向和移动速度,经过预判传到一个适当靠前的点位,让你拿球更舒服,你会感到他在配合你做,这个时候进球率才能提高,指控才能更加流畅和高效。事实上是整个刑事诉讼流程都变得更加紧密而有效率了。

我有一个经济案件,需要进行再次笔迹鉴定,其中需要出差去外地银行分行档案库里调取一份票据原件,由于原件已经归档,还必须由银行人员护送来京,鉴定完再带回去。原来案卷中只是票据正面的复印件,所以我们向侦查人员指出的目标当然也只是正面的签名。但侦查人员在查看这张票据原件时发现背面还有更多的文字书写以及同一人的签名，因此果断地也一并进行了鉴定。

在侦查人员外出取证的过程中，按照我的补证清单，在取得阶段性成果的基础上，又会延伸性地开展额外的工作。他似乎了解我的补证意图，在侦查的时候为检察官的出庭需要考虑，而不是机械地完成任务了事，其效果自然超出预期。

鉴于该侦查人员的优异表现，也为了激励其他侦查人员努力办案，最后我们还向该分局政治部正式发出检察建议，对该侦查人员的工作予以肯定。

这是一次良性的互动。

职能整合和加强诉讼链条紧密度会使这样的良性互动成为常态。

这就是重新理解"案"和"件"关系的真正意义。

检察官和侦查人员通过更加紧密的协作都将变成更好的自己，这不是零和博弈，这是一种共同进化。

当我们在研究"案"和"件"的时候，我们就是在研究自身的运行方式、资源分配方式以及与外界的关系模式。这实际上是检察权基因层面的问题，它看似微小却决定了检察权的面貌和生长方式，检察改革已经深入骨髓，检察再出发注定是一条涅槃重生之路。

检察之路的经济学逻辑

百年风云变幻,检察之路始终曲折向前,尤其是近十年来不断走入改革深水区,分分合合、兜兜转转,未来图景渐趋清晰。

检察向何处去?应该有一个答案了。

首席大检察官提出检察工作的产品观,不仅是一个比喻,更是用一种经济学的思维方式重新审视检察工作。

话语体系的调整是为了跳出惯性思维,用更加理性的视角来探寻司法的内在规律和底层逻辑。

1. 不仅是产品观,更是用户观

从供给侧提供更加优质的法治产品和检察产品,首先是从需求侧出发考量供给。

说是产品观,首先是用户观,是一个用户至上的观念。

需要提高的不仅是服务意识,需要提供的也不仅是更加质优价廉的产品和全方位的服务,更包括有针对性的、精准的检察服务。

因此,要更加了解用户的需求,更接地气,更加务实高效。

公开透明、人权保障、精准打击、民生民利,以此调整检察工作的战略和方向,以及检察工作的动作和姿态。

所谓了解用户需求,又不是简单的市场调研、检务公开,而是要从用户的深层需求出发。

亨利·福特曾说过:"如果我最初问消费者他们想要什么,他们会告诉我'要一匹更快的马!'。"

我们需要结合时代的精神去把握刑事政策,比如刑事处罚和行政处罚边界,刑事犯罪和民事纠纷的边界。不仅是对个体的回应,更是对国家和人民长远发展需求的回应。

这种深邃和长远的思虑,并据此作出的决定就是我们创造的价值。

我们的检察产品就是要为用户创造长远的法治价值。

说到产品,它一定是一个具象的概念。

是一份掷地有声的法律文书,也是一席慷慨激昂的公诉意见,不一定看得见、摸得着,但一定能感受得到。

它可以有硬件、软件之分,但绝不虚无缥缈。

产品的概念,就意味着它有边界、有功能、有分类,它是具体而微的检察行为,是完整有型的存在,是检察与公众接触的触角,是一个个可以娓娓道来的检察案例。

既然是产品，就要有自己的产品策略，就是要结合自身特色打造拳头产品。

不是四面出击，不是包打天下，要做爆款。

乔布斯重出江湖给管理层上了一堂课，他在黑板画了一个十字，四个方格、四个领域，一个领域一个产品，做到极致，四个产品也足以改变世界。

追求极致，利用有限的资源做到最好，也是小米、华为等优秀企业的产品观。

重需求、做减法、求品质，就是新时代的法治产品理念。

2. 根据司法规律配置检察资源

资源永远是有限的，如何利用有限的资源生产更多、更好的检察产品，首先需要明确一个资源分配的问题。

资源分配在经济学上的最优选择就是让市场发挥调节的决定性作用，政府可以进行宏观指导。

对于检察工作来说，就是根据司法规律配置检察资源。

符合司法规律就是优化配置，背离司法规律就要降低产量、降低质量，甚至生产出不合格产品，从而产生关停并转的风险。

司法规律的第一条就是资源要与效益相匹配，向核心职能倾斜，否则怎么打造爆款？要明确核心职能，判断的标准就是比较优势，独有的、不可替代的、有刚性需求的产品才具有核心产品的潜质；要给核心产品赋能，增加附加值，提升核心产品的竞争力；要根据需求领域分化对产品进行细分，就像乔布斯的四个格子；要对非核心产品进行大刀阔斧的精简。

司法规律的第二条就是竞争将无处不在。外部来说，不同的司法机关在公信力和满意度上就存在一定的竞争关系。这个竞争关系比的是实力，对此检察机关要重自强，怎么重，就是每个人都重自强，每个人都要争自强，哪个检察产品搞得好，哪个检察官搞得好，就要给哪个资源，就像腾讯孵化出微信一样。员额制虽然有非精英化的一面，但优秀的员额检察官，一定是最宝贵的资源，而且他们到哪里都是最宝贵的资源，在这个问题上检察机关与其他行业也处于竞争之中。这不是一个简单的内部公平、用人唯贤的问题，这是一个检察机关自身如何自强的问题。为什么战争年代干部成长得快呢？有实践锻炼的问题，也有不得不打破论资排辈的问题，因为这涉及的不是公平问题，而是生死存亡的问题。

司法规律的第三条就是重视人的创造性作用。一方面要进一步实现扁平化，要全面、彻底地将司法办案责任制落到实处，要更加彻底地放权，发挥检察官的能动性和主动性，因为司法是具体而微的，需要司法官的创造性劳动，管理主要在宏观层面；另一方面要进一步去行政化，最大限度地削减行政管理的机构和职能，以自主的司法化管理代替人为的行政化管理，为司法官减压松绑解套。

3. 注重成本实现法治效益的最大化

司法工作要讲成本，目的是利用有限的资源实现正义的最大化，这就是检察工作的效益观。

不能说不惜一切代价办好一件案件或者说做好一项职能，那其他案件、其他职能怎么办？效益是不是最大的，需要进行权衡。

案多人少一方面反映的是资源不够用的问题；另一方面反映的是资源没用好的问题，优化配置方面还需要进一步提高。

刑事执行检察工作从派驻制转变为巡回制就是基于成本的考虑，通过节约成本做好同样的工作，就意味着省出了一些资源来做核心检察职能，同样的检察资源就能够更好地发挥检察效能，实现更大的法治效益。

节约成本不仅是眼睛向内，还要从整个法治供应链上着手。

检察机关位居法治供应链的枢纽地位，既能控制质量，又能控制成本。

内部的衔接顺畅必然会形成整体而明确的法治信号，引导上游产业链调整产业布局、提高质量标准，最终提升法治产品整体的质量。

质量可靠，其实是最大成本节约，因为可以避免返工召回。

而且最重要的是满足了用户的终极需求，也就是人民群众的法治期待。

这种期待的满足就是最大的法治效益。

中国的检察之路与中国的很多改革一样,都是一条实践理性之路。经济学话语体系的引入正是这种理性思维的体现,既要立足普遍的检察规律,又要深深地植根于中国的法治本土资源,具体而微地体味中国的司法规律,这是一种摸着石头过河的艺术。

就让我们逢山开路、遇水搭桥——以人民的名义。

出庭的根埋在证据的土壤里

庭审实质化的本质,其实是不确定性:不确定庭审会出什么状况,不确定能不能判,不确定能判成什么样。

每一次出庭都要战战兢兢、如履薄冰,因为出庭的表现将对庭审的结果产生实质性的影响,从而倒逼我们更加审慎地审查、更加充分地准备,既要及时回应针对证据的质疑,更要确保指控证据能够经得住庭审的考验,切实增强说服力,这就是出庭的实质化。

我们就是要以更加强有力的指控回应以审判为中心的召唤,将日益公开的庭审打造成检察制度的发言席和宣传栏,在法庭上强势回归,使公诉人成为人格化的检察制度,以指控立德、立言、立行,以思想力、语言力、行动力赢得实实在在的公信力。

要做到这些,还需要我们下很大的功夫。

1. 出庭的根埋在证据的土壤里

如果说出庭是一棵大树的话,那它的根系就埋在证据的土壤里,土质的贫瘠肥沃、酸碱度直接决定了树的生长状况,在沙漠里是很难长出大树的,这是一个常识。而将根系向下扎得深一点,确是向上生长的基本法则,出庭的道理也一样。

捕诉一体就是让公诉人在证据的土壤里扎得更深一点,从侦查初期就开始审查证据,从捕到诉持续跟进一个案件。

捕诉一体也意味更大的责任,从而形成更大的认知压力,这种压力将贯穿于整个刑事诉讼的始终,不再是各管一段的阶段性视角而导致的短期行为,案件的进展将始终牵绊着检察官的心。因为,这就是你的案子。这种认知压力使捕和诉不再是互不搭界、相互割裂的两个阶段,借助整合两种审查,逮捕审查向后延伸,起诉审查向前延伸,审查工作成为获取证据认知的持续链条。

出庭的实质化是建立在审查实质化基础之上的。

审查的实质化也意味着必然会发现一些侦查中的问题,有些甚至是严重的和根本性的问题,因此会通过不捕、不诉的方式体现出来,当然更多的时候是完善证据的意见。

这也是将以审判为中心的证据标准向侦查前段传递的结果。应该向侦查机关传达一个明确的信号:不按新的标准来,此路不通。从而让侦查人员主动寻找提高办案质量的出路。

而且这种传播是有针对性的，越是办案质量不高的人员收到的信号就越多，对他的影响也就越大，引起的重视也就越大，只要有问题，就有信号反馈，即使是具体而微的问题，也会有具体而微的反馈。

这些信号的反馈汇成的洪流才会冲垮以往的侦查惯性，将侦查引入更加合法、规范的轨道上来，从而使整个刑事诉讼程序走上正轨，形成"审查—引导—反馈—规范"的良性循环。这就是审查引导侦查的基本原理。

审查引导侦查绝不是简单地传导压力，也是在传授方法，是一种建设性的压力，是一种有方向性的引导。不只是简单的捕与不捕、诉与不诉，还是指出为什么和怎么办的过程，是通过审查整合检警关系，为出庭实质化铺平道路。

就像根系缓慢地搅动土壤，通过审查引导侦查，也将对证据土壤产生改良效应，使得出庭的基础更加坚实，通过将证据养分融会贯通，出庭指控的大树才能枝繁叶茂。往往真功夫就藏在那些看不见的地方。

2. 正义不但要被看见，还要被看清楚

证据的大树绝不是温室的花草，它长在法庭的阳光下，生在庭审的暴风骤雨中，只有经历过风雨的洗礼，才能真正开花结果。

没有一件案件是完美的，没有什么证据链条是不能被推敲的，举证就意味着接受质疑，经受得住挑剔、怀疑才能带来内心的真正确信。

正义不但要被看见，还要被看清楚。质证的过程实际上就是心证的形成过程，没有一个固定的公式，并非满足特定的条件就一定能得出一定的结果。

这是一种综合判断的过程，既是严谨的法律逻辑推演，又是微妙的心理把握。而且具有不可逆性，在法庭上说的任何话都会对法庭的结果产生影响，不及时反馈就可能形成既定的心理印象，后续再努力也于事无补。

比如一个案件，一个上诉人在审判长问到是否有新的证据要出示时，提到曾经被刑讯逼供，辩护人没有就这个问题展开，审判长也没有深究这个问题，因为这个问题在一审就解决过，主要反映在外地到案期间的讯问问题，但是在座的旁听者并不了解，如果不马上解决，就会给人留下执法有瑕疵的印象，从而对司法公信力产生怀疑。

因此笔者马上就这个问题做了一个简单的回应，说检察员就这个问题进行了认真的核实，上诉人反映的主要是外地到案期间存在的问题，在北京阶段后续的笔录并不存在问题，检察员在提讯时就与上诉人确认过了，而且当庭也已经供述，足以定案，至于上诉人反映的执法问题，检察机关作为法律监督机关，我们也已经移送了相关部门依法处理。事实上，我们也确实是这么做的。上诉人也点头表示认可。这个问题及时解决了，为后续履行出庭职责奠定了更加客观公正的道义基础。

如果等着最后一并说，这个疑问就会一直埋藏在所有人的心里，慢慢发酵，本来没有的事，也慢慢成为心中的既成事实。最后即使判了，也会觉得不公允。默认即承认，迟缓即迟疑，哪怕是些许的停顿都会让人不自信。

事实上，质证并不是一个特定的阶段，它是随时随地的，是贯穿于整个庭审之中的，它是对整个证据体系的捍卫，也是对司法公信力的捍卫。但它不是对瑕疵证据的强词夺理，不是对违法侦查的无条件背书，而是对证据不完美的坦然面对，是实事求是的逻辑推演，合情合理的理性判断，是客观公允的处理态度，一码归一码。

心怀坦荡，反而更加让人信服。

还有一个案子，上诉人在打架的过程中受了伤，又加上当时喝了酒，记忆有些模糊，就一直说自己委屈，为了把事实彻底搞清楚，笔者就在案的几段不是很清晰的监控录像反复看了几十遍，通过肢体动作、衣着、位置等因素结合言辞证据，并通过让上诉人自我辨认彻底搞清楚了上诉人当时的具体行为。

但是一审已经出示了的证据二审一般不会重复出示，而且由于镜头较远、时间很短，不近距离多次观看也很难分辨，出示也没有太多意义。

开庭当天上诉人的家属来了很多，上诉人当庭仍然辩称自己委屈,笔者结合录像中反映的情况有针对性地问了一些问题,然后在发表意见时用了带有画面感的语言描述了上诉人当时一连串的行为动作,并结合录像和其他言辞证据,对其行为与犯罪结果的关联性进行了具体分析,并对犯罪后果的严重性进行了强调。

我明显感觉到家属将带有敌意的眼神收敛回去,开始接纳上诉人的犯罪事实,上诉人也在最后陈述中表达了悔罪态度。

事实上,质证就是一种需要就地取材、因势利导的综合性艺术。有时也是魔高一尺道高一丈的艺术。记得还有一个诈骗案,上诉人是一个外国人、博士生,高学历、口才好、善辩解,有几十万条社交媒体通信记录,笔者综合分析其与自己亲朋好友的通信内容,对照其与被害人同期的通信内容,再结合当期的消费情况,找到若干的逻辑漏洞,然后在法庭讯问的过程中用其自己的话来反问他,把讯问当作质证,将谎言一个一个当场拆穿。

事实上,有力的诘问也是质证的重要形式,谁说讯问就不能产生质证的效果?虽然法庭有法庭的规则,但是想把庭出好并没有一定之规。

3. 抬起头来说话,才能让人记住

很长时间以来,公诉人都养成了一种书面出庭的习惯。你经常看到一个闷着头念稿的公诉人，宣读完起诉书，再照着讯问提纲进行法庭讯问，然后接着念证据摘要，继而宣读公诉意见书，需要第二轮答辩的时候，翻找答辩提纲后再宣读相应内容，我遇到个别公诉人几乎可以整个庭审都不抬头。这样效果会好吗？

天长日久，辩护人变得越加可以侃侃而谈，而公诉人变得离开稿子就不自信，越是大的庭审，越是须臾不能离开庭前准备的脚本。

这样不但显得气场越来越弱，而且离庭审实质化的要求也越来越远，因此出庭实质化应当从即席发言开始。

一是尊重。看着别人说话是一种基本的尊重，眼神的交流能够体现你表达内容的确信态度。

二是自信。当你抛开一些书面文字资料，只是脱口说，要是能把一个事情说明白，那这件事必定烂熟于胸。这些想法就在你的脑子里，你已经考虑得非常透彻。

三是现场呼应。即席表达的好处就在于你是耳目全开的，不仅传达你的尊重和自信，也在收集对方的即时反应，就像无声的弹幕，你当场就知道别人是否认可，哪句话抓住了对方，哪句话对方不甚满意。

四是更好地抓住重点。口语表达的特点就在于它的扼要性，句式短、用词简单是口语的基本特点，这是由口语的基本功能决定的。

五是留下更加深刻的印象。因为你可以即时反馈，你可以抓住重点，并与现场参与人进行眼神交流，你说的话往往会给人留下更深的印象，你会显得更加用心，你也会容易抓住对方的心，你会让对方跟着你的思路走，你的每一次停顿、每一个强调，都会产生共鸣，这是书面宣读无法实现的。

而且现场即席表达往往可以产生金句，或者特别视角和逻辑，让人耳目一新。这有两个层面的机制：一方面是现场感激发即时反应，也就是灵感来自于当时当地的现场感受，这种感受无法预判、预演，这就是即兴表达的乐趣和优势。你有心思，但也不确定会以哪种方式表达出来，只有现场的一刹那，你长期的积累和潜能在那一刻被激发，产生了火花，就像是灵光一现，无法复制。让你再想一遍，你可能都想不起来。

另一方面就是你可以跳出既定的逻辑准备，重新对观点进行组织，恰好符合那个气场、那个语境，与现场相呼应，这个也很难准备。原来分析的法律问题、证据问题，法庭上可能没有辩起来，辩起来的是另一些焦点，甚至有些稍稍超出法律的层面，深入司法的本质，这些几乎完全难以预见。

当你面对这些问题，能够抛开那些既定的书面准备，抽取法庭当场独有的几个逻辑，然后娓娓道来，必然能够让法庭信服，让观众折服，在那一刹那，正义就被看见了。

说到本质出庭其实是一种创造性的工作。

一直在说工匠精神，体现的也是精益求精的意思。

笔者觉得如果这样说公诉人，只说对了一半。既要精益求精，又要游刃有余，要体现更高的意境，更深的内涵。

因为我们雕琢的不是别的，而是公平正义。

我们其实办的不是案子，而是别人的人生，是公众的价值观，是国民对法治的期待。

精益求精的匠人精神，保证的是案件基本质量。

但是办案包括出庭的过程中能否让人舒服、自然和信服，这不是一个工艺性的问题，这是一个艺术性的问题，涉及我们执法者的价值观，我们的心态，我们的理想，我们的品行，我们的境界和我们的精神。

运用之妙，存乎一心。

正因此，出庭是一门技艺，更是一门艺术。

整合正义的力量

前几天,糖糖的《黑夜里的那道光》刷屏了。

她用仰视的女性视角细腻地道出了刑事警察的日常,让我们了解到侦查的艰辛,以及追寻正义的那股阳刚气。

图文结合得好,流露出浓烈的情感。

其实法律人多不易,韩嘉毅秘书长也在为涉水去会见的律师鸣不平。以前以及现在都有不少呼吁解决律师行权难的文章。

我的一个研究生同学,年薪比我高了几倍,但是他说一年出差一百次,我倒吸了一口凉气。

我的妻子剖腹产出院当天,非要让我搀扶着去单位报税,我说你别坐下病啊,三伏天,办公室里冷气又很大,她也不听,还瞒着家里说是出去遛弯儿,因为她是一名会计。

更不要说医生、交警、快递员、公交车司机、保安,以及清洁工,他们都是黑夜里的一道光。

当我们说是一道光的时候,我们看到的只是一瞬间的光彩。

而我们希望看到的是持续的、可控的、适度的光芒。

这是一种作息,是规律,是一种制度性的安排。

说回到刑事司法领域,以审判为中心的诉讼制度改革是最核心的制度性安排。

办案子要靠一股子执着劲,一股子不怕吃苦的精神,但更需要规范、专业的精神,能够经受得住庭审日益公开化、透明化、实质化的检验。

这是光凭吃苦受累办不到的,除了侦查技巧以外,还需要法治思维和司法智慧。

事实上,糖糖认为如此理想的专业条件,在很多派出所等侦查一线并不具备。

而且除了杀人、伤害等容易认知的自然犯以外,很多经济犯罪等法定犯还需要更多的法律判断。

我有一个案件,对一个关键的书证笔迹鉴定不出来,理由是缺少当时的书写资料,因为被告人修改了自己的笔迹,我就在卷中找,就找当时的笔迹,找到了早期的权利告知书的签名,早期询问笔录上的签名,提交书面材料的签名,案发前银行票据上的签名,后来调取原件又发现了背书,就针对这些早期笔迹,有个侦查员说没用,我说甭管有用没用,就用这几个鉴定,结果最终被鉴定出来。

还有一个案子,明明是骗中骗,结果只针对中间的骗展开了调查,结果有真有假,还不好定,跳开来看以后,调取证据容易多了。整个侦查方向被调整了,如果不调整,累死也没用。

有一个很早的案子,一个销售非法制造的注册商标标识的案件,起获了一仓库假商标,但是由于犯罪嫌疑人不承认已经销售的数额,也没有下家,公安以未遂犯移送过来。我就琢磨扣押的这些东西,其中有一个笔记本,应该是一本账,但记了乱七八糟的一些代号,数字什么的,我整理出来几十页,原文整理不做分析,就让犯罪嫌疑人一页一页地对,看看我整理得对不对,一页一页地签名。然后我就通过这个乱账本,分析出规律,最后定了一个既遂,而且还当庭认罪。

不是在说谁比谁强,或者谁比谁更辛苦,学习经历、工作性质、承受的压力不同,决定了我们的认知差异。

打报告很强但不愿意开庭,预审突破很厉害,但作为证人出庭却容易被问崩了。

案头工作扎实,跑外不一定行,出庭厉害的,调查不一定厉害。

或者说也不是谁真的天生就这样,而是经历使然,或者说分工使然。

而且有一点我们必须明白,不管你们谁有多厉害,只有案子能判下来才是真厉害。

如果是办冤假错案,你的厉害可能就是一种有害。

在推进以审判为中心诉讼制度改革的初期,检警关系可能不仅是审前的核心,也是整个改革的核心。

不是谁厉害听谁的,这个传导链条是围绕庭审展开的。

这个链条的传导方向决定了分工方式。

是法庭需要什么,你就应该调取什么证据,不是你调取什么证据,法庭就要采信什么证据。

这个法庭,侦查是不能直接感受到的,必须经过检察官的传导。

检察官承受庭审的压力,承担败诉的风险,最了解审判的标准,也对指控负有最终的责任。

因此以审判为中心对侦查阶段来说就是以指控为中心,因为庭审你够不着,也不了解。

在指控这个问题上,检警坐在一条船上。

检察官不是在给警察挑刺,而是为了确保这个证据在指控上能用,确保指控需要的证据侦查人员能取到。

侦查水平的提高靠的不仅是辛苦,更是专业。

就像教练说的,要用脑子踢球。

侦查也讲究一个侦查意识,这个意识混合着多年的经验和侦查的技巧,在新的时代背景下,它还必须包含法治精神和指控意识。

什么样的证据可以用来定罪,不仅在检察官的脑子里扎根,也要在侦查员的脑子里扎根。

个别的人员交流可以帮助了解对方的职业特点,更能体会彼此的不易,抒发的情感也能够传达正能量。但是烟消云散之后,我们到底能够留下什么，这是需要认真思考的问题。

怎样能够实现检警深度的融合，实现所谓的检警一体化，构建有机的刑事指控体系，靠顶层设计？

顶层设计，当然很重要，但是何时能够传导到基层？

靠个别化的人员交流，又难以实现普遍的联系。

为什么我们不能从底层开始设计？就像微信，从链接变成生态，成为检警关系的生态。

这就是我对检警社交网络的初步设想：

其一，检警合作不仅是官方的需求，也是基层干警的需求，在很多具体的案件中、很多具体的问题上，甚至琐碎的细节里，都存在检警沟通的需求。侦查人员渴望获得更为周到、细致、全面的法律指导，检察官需要更为具体、可行、个别化的证据指引，两者可谓一拍即合，只是缺少一个多边交流的平台。

其二，很多年轻的检察官和侦查人员都面临人脉有限的尴尬局面，而且由于日常任务繁重，很多侦查人员和检察官的行踪带有不确定性、时间被碎片化，有必要将这些资源通过移动信息技术加以整合，形成检警合作的移动客户端，形成微观的交互平台。可以向陌生的、不特定的同行求教，形成检检、检警、警警多维度的互动，扩展每一个检察官和侦查人员在业务领域的接触面，自发形成若干业务研究沟通的群落，从行政命令性的管理模式向自发沟通合作的自组织模式转变。

其三，在这个日益热络的检警交互平台上，官方也可以及时发布重要的案例参考、规范意见、业务知识点以及培训视频供每个检察官和侦查人员自愿学习,每一个检察官和侦查人员也可以将自己掌握的知识与同行分享,通过某种积分等激励机制对分享和交流行为予以适当鼓励(而不是强制),可以更好地调动基层干警的参与热情。至于安全性的问题可以通过有效的身份识别等方式予以解决。

其四,检警社交平台将打通检警系统日常沟通渠道,实现检警个体之间跨地域、跨领域、跨类别的双边或多边深度交往。利用碎片时间,搭建专业互动问答社区,发挥检察官和侦查人员不同领域和知识结构的比较优势,实现优势互补,将官方发布与干警个性互动相结合,实现检警资源的深度整合,以小合作为大合作奠定基础,通过潜移默化的整合,检警理念才能达到深度融合,证据标准、法律观念的认识才能生根发芽,从微观到宏观真正做强大控方。

通过检警社交平台的构建,将两支正义的力量以"以审判为中心"的名义整合起来,发挥侦查员在行动方面、检察官在知识方面的优势,根据侦查人员的需要有针对性进行引导,检察官的知识结构通过点滴的积累也会更加接地气、更务实。检察官通过这一平台可以将以审判为中心的标准逐渐向侦查前段传导,让检警共同感受庭审的压力。

毕竟压力是最好的老师。

检警两支正义的力量通过这一信息化平台,将实现以法治为导向的协同进化，将会更加地法治化、专业化和一体化。

单打独斗永远很辛苦，只有拧成一股绳才会更有力量。

流血不流泪，要靠专业协同。

这种整合不仅是宏观的，更是具体而微的；不仅是一时一事的，更需要制度性的安排；不仅是传统的，更是现代化的、信息化的。

在正义的道路上，我们是永远的同路人。

我们不仅是一道光，我们还要托起明天的太阳。

"捕诉一体"方法论

"捕诉一体"的关键在于审查。

因为审查是对案件的全面了解和把握,是检察官内心确信的形成过程,为捕与不捕、诉与不诉的检察裁量权奠定了基础,也为证明和指控犯罪做好了准备。审查不是一个案子的事、不是一个人的事,它是检察权乃至司法权运行的制度安排,是检察产品和法治产品的品质控制体系。

因为,我们深知我们办的不是案子,而是别人的人生,是公众的价值观,是国民对法治的期待。

怎么审查、怎么整合刑事检察职能以履行好审查工作,是我们需要认真思考的问题。

1. 整合两项审查

"捕诉一体"就是让一名检察官或办案组从捕到诉持续跟

进一个案件，从而提高对一个案件的认知水平。也就是在整合捕诉两个审查的优势，形成持续审查的动力，在两个审查之间建立有机的联系。

捕和诉是一个人，工作是一个人，责任也自然是一个人，这种压力将贯穿于整个刑事诉讼的始终，不再是各管一段的阶段性视角而导致的短期行为，案件的进展将始终牵绊着检察官的心。因为，这就是你的案子。

捕的时候必然要考虑为诉做准备，甚至提前介入时就进行实质化的审查，及早发现问题，及时引导侦查，为案件后续的起诉、出庭工作扫清障碍，并将检察机关的证据意识以及不断提高的证据标准，从侦查初期即持续传递给侦查机关，确保案件质量。

现在检察官在审查逮捕之后，都会列出详细的证据完善提纲，成为侦查工作的有效指引。这些工作虽然明显增加了审查逮捕阶段的工作量，但是为后续审查起诉和出庭支持公诉工作奠定了坚实的基础。实践中逐渐形成了"前边做实、后边好干"的正向循环。

捕和诉不再是互不搭界、相互割裂的两个阶段，借助整合两种审查，逮捕审查向后延伸，起诉审查向前延伸，审查工作成为一个持续的链条，检察官将持续不断地跟进案件，与侦查人员进行联系，确保提出的补证意见得到落实，并对随后收集的新证据进行及时审查，并根据新的情况不断调整引导方向。

从而使两个审查,乃至审查和侦查都有机地联系在一起。这也是"捕诉一体"带来的制度红利。为此,我们也在探索捕诉报告一体化,扫清制约两个审查整合的障碍,在办案平台和办案机制上为整合两个审查建立基础。

但是同样的,整合并不是混同,我们也不能混淆两种审查,标准、程序不能混同,检察官在办案中不能角色错位。也要尊重审查逮捕和审查起诉各自独立的程序价值。

2. 突出实质审查

实质审查就是不能走过场,避免够罪即捕、凡捕必诉。要全面彻底地审查证据,充分把握案件的实质,在大是大非的问题上不能有丝毫含糊。也就是在事实证据上不能有任何的迁就和妥协,就是要有打破砂锅问到底的决心和勇气,从实质层面把握住案件。

整合两个审查,连续进行审查,从制度层面为实质审查奠定基础。一是对案件细节的把握更加充分,两次审查、连续跟踪将形成更加充分的证据认识,对证据把握更加全面;二是通过沟通、引导、审查,进一步增强检察官的亲历性,对证据的形成过程更加了解,对案件吃得更透;三是从审查逮捕开始就在为出庭做准备,因此准备也就更加充分,指控犯罪更加自信,面对突发情况也能做到心中有数,在法庭上也就更踏实。

但是同样是实质审查,在捕和诉两个阶段也存在一定的差别。在审查逮捕阶段,侦查尚未终结,证据也未完全齐备,要想做到事实清楚、证据确实充分,此时还达不到,因此刑事诉讼法在标准设定上也与起诉、审判有所区别。此时虽然也是实质审查,但更多的是着眼于未来证据的完善空间,为指控做好准备。但并不应混淆捕与诉的标准,应该为侦查的进行留下必要的空间,并给予适当的支持。而且从审查的时间上,审查逮捕的时间也远远短于审查起诉的时间。因此,在审查实质程度上两者也很难做到一样的标准。当然从案件质量管理上也同样要尊重两个阶段的差异,不能对捕后不诉、无罪案件简单以结果论,案件质量管理也要突出实质化。

审查逮捕时重要的是确定方向和框架,并随后跟进完善,逐渐向起诉标准靠拢。这个过程,由于"捕诉一体"的原因,可以越发地紧密,证据随时补充完善之后,就没有必要等着侦查期限用满,可以及时督促侦查机关尽快侦查终结并移送审查起诉,从而尽快提起公诉。避免案件被无谓地搁置、办案期限空转,从而形成"成熟一个起诉一个、随时成熟随时起诉"的紧凑型审查节奏。这也是在抓实质,是从整个控方的角度实质化地把握案件的证据和节奏。

电子卷宗的普及将为审查实质化奠定基础,审查逮捕七天结束之后,并不意味着检察官失去了审查的依据,电子卷宗可以保障检察官随时进行审查,后续证据的补充也为连续实质审查提供了基础。捕和诉两个阶段虽然有区别，但并不意味着审查起诉必须等到逮捕两个月之后进行，而是从审查逮捕的结束就已经开始。侦查不再是划分捕和诉的界河，它将成为连接两者的纽带。因为"捕诉一体"，审查也就无须等待。这也是"捕诉一体"的深层次要求。

3. 审查引导侦查

审查引导侦查，旨在区别提前介入引导侦查，过去搞提前介入，老像掺和别人之事，关于能不能介入、何时介入、怎样介入等，同侦查机关常有分歧。提前、介入，都不是检察机关自己本分的事，审查却是检察机关应尽的职责。这样，用审查引导侦查就是法律的正当程序。

而审查实质化也必然意味着要发现一些侦查中的问题，有些甚至是严重的和根本性的问题，因此会通过不捕、不诉的方式体现出来，当然更多的时候是完善证据的意见。这也是将以审判为中心的证据标准向侦查前段传递的结果。应该向侦查机关传达一个明确的信号：不按新的标准来，此路不通，从而让侦查人员主动寻找提高办案质量的出路。而且这种传导是有针对性的，越是办案质量不高的人员收到的信号就越多，对他的影响也就越大，也就越能引起他的重视，只要有问题，就有信号反馈，即使是具体而微的问题，也会有具体而微的反馈。这些信号的反馈汇成的洪流才会冲垮以往的侦查惯性,将侦查引入更加合法、规范的轨道上来,从而使整个刑事诉讼程序走上正轨,形成"审查—引导—反馈—规范"的良性循环。这就是审查引导侦查的基本原理。

但是审查引导侦查绝不是简单的传导压力,也是在传授方法,是一种建设性的压力,是一种有方向性的引导。不只是简单的捕与不捕、诉与不诉,还是指出为什么和怎么办的过程,是通过审查整合检警关系,也为庭审实质化铺平道路,这也是引导侦查的实质化,就是要解决问题。这体现在两个方面:

一是连续引导。"捕诉一体"了,就是一个检察官(组)负责到底,对这个案件的把握、引导一以贯之,对侦查人员的反馈、沟通也是一以贯之,保持了一个信息接收反馈的连续性,从而也就保持了标准传递的连续性。又由于北京市检察机关率先对不批捕、不起诉进行了放权,根据"抓大放小"的放权要求,绝大部分案件由检察官自己做主进行决定。因此,对于侦查机关的沟通也就更加有底气,减少了沟通层级、增强了沟通的亲历性、提高了沟通的深度,并因此形成了更加稳定、持久的检警微观联系通道。

二是专业化引导。由于"捕诉一体"之后不再以流程而是以案件类型划分办案机构或办案组织单元,专业化成为基本格局,北京市检察机关就率先形成了"四位一体"的刑事检察新格局。有的专业化办案部门已经拥有了两年以上的"捕诉一体"经历,这也为"捕诉一体"的全面推开积累了宝贵的经验。这些专业化的检察办案组织在引导的过程中将逐渐显现出专业化的优势。比如海淀院科技犯罪检察部的检察官,在区块链、大数据等技术审查判断上就已经具备了一些独到的见解,可以直接与侦查技术人员进行对话,并逐渐积累起对科技犯罪案件审查的知识和资源。用他们的话说就是:"蒙不了我"。这种引导不仅是个案意义上的,也是类案意义上的,甚至是侦查基本方法论意义上的,因此审查的方法论,也必将成为侦查方法论的先导。在网络贩枪类案研究过程中,市院公诉部就多次与市局刑侦总队进行沟通联系,共同形成了一些初步的处理意见,并针对此类案件手段多样、情况复杂等问题,考虑就侦查和审查共同形成办案指引,从而将审查和侦查在方法论上形成有机的统一。

在新的形势下,"捕诉一体"工作要把握时代脉搏,兴利除弊、扬弃发展。而所谓兴利就是"整合两项审查、突出实质审查、审查引导侦查",这也是对北京市检察机关近两年来"捕诉一体"工作经验的高度提炼,是来自于实践的理论,也必将成为进一步指导实践的方法,是从方法论的高度系统思考"捕诉一体"工作机制的一次尝试。站在审查的视角,审视"捕诉一体",其实是通过检察职能的内部整合而凝聚刑事指控的链条、重构检警关系,其目标就是强化检察机关在审前程序和指控证明犯罪中的职能作用,为推进以审判为中心的诉讼制度改革铺平道路。这既是方法论,也是价值观,以新一轮的检察改革为契机,让我们再出发。

捕诉报告一体化之提倡

捕诉合一之后,审查报告怎么办?

说审查报告,其实是在说办案。

以往捕诉都有各自的审查报告,当然审查逮捕部门叫审查逮捕意见书,但基本是一个意思。

2016年我写了一篇文章:《去审查报告化与去行政化》,其中说道:"审查报告是审批制的产物,是行政化的产物。"司法改革高举去行政化的大旗,应从审查报告始。

当然了,去行政化是一个相对的概念,自然去审查报告化也是一个相对的概念。目前公诉的做法是:一年以下的速裁案件不再撰写审查报告,三年以下的案件可以适用表格化的审查报告模板,简易程序的案件不用再撰写"三纲一辞"。

因为这些案件都是检察官自己决定的案件,不存在审批的问题,审查报告就是留给自己看,只剩下了证据摘录和审查意见记录功能,这两项功能分别被电子卷宗和精细化的起诉书所代替。这种繁简分流的方式极大地提高了办案效率，将办案人员从重复性劳动中解放出来，投入更加复杂案件和日益实质化的出庭工作之中。

可是，批捕的报告该怎么办？

审查批准逮捕阶段毕竟没有起诉书这个具有实质法律内容的文书，如果没有审查逮捕意见书，这个阶段的审查内容是不是会变得空无一物？

基于此，笔者建议目前还是要保留审查逮捕阶段的报告，但是要根据捕诉合一后的工作机制，以及电子卷宗存在的现实进行必要的改造。形成捕诉合一后的一体化审查报告，没有经过审查逮捕环节，直接移送审查起诉的可以适用原有的公诉案件审查报告模板。

这样有三点好处：

一是提高效率。不必重复摘录一些基本案件信息，省却改换套用格式的机械性工作。

二是捕诉两个阶段的情况一目了然。有利于捕诉工作的衔接，形成捕诉一体化的刑事办案格局观。

三是有利于捕诉两个阶段证据情况的对比，了解捕后侦查工作的进展。有利于对侦查工作进行引导。同时将审查逮捕阶段的认知作为审查起诉的认知基础，将两项审查工作有机结合。

那么，捕诉一体化的报告应该怎么写？

还是该写什么写什么，每个阶段的核心内容都各自体现出来。只是放在一个框架中写。

在审查逮捕阶段就开始撰写捕诉一体化的审查报告，只是审查逮捕的内容，报告的名称就是××检察院刑事案件审查报告(审查批捕阶段)，但是给审查起诉预留了空间，包括诉讼经过、事实、证据、意见分析的空间。

诉讼经过没有必要细说了，预留审查起诉的空间就可以了。

事实部分，就包括这么几部分：提请批准逮捕意见书认定的事实、审查逮捕阶段认定的事实、起诉意见书认定的事实、审查起诉阶段认定的事实。审查逮捕的时候只写前两部分就行了，后两部分可以先空着，到审查起诉阶段再填上。

证据部分，审查逮捕阶段就写这个阶段的证据，由于有电子卷宗，因此重点也不是摘录，而是分析。预留一个审查起诉阶段的证据部分，审查起诉阶段再填写。这里需要与侦查机关有一个配合，建议侦查机关将捕后的证据单独成卷，这样比较方便审查捕后的侦查情况，审查起诉要写的话就引用这几本卷就可以了，电子卷宗扫描也方便，侦查机关到底捕后做了哪些工作，或者没做工作也是一目了然。

审查意见，包括需要说明的问题，也是根据阶段来写。审查逮捕的时候，就在审查意见中写上这一阶段的意见，审查起诉阶段就按照预留的空间接着写审查起诉这一阶段的意见。需要说明的问题，也是一样的。审查起诉阶段就没有必要什么都写了，审查逮捕阶段已经发现的问题，或者诉讼监督意见，没有必要重复写了，可以写新的意见，对之前发现的问题重点写跟进落实的情况。比如，需要补充的证据有没有完成，瑕疵证据有没有补证，诉讼监督的线索有没有进展。

具体的格式可以采用以下两种：

第一种，有可能判处三年以下刑罚的简易程序案件。

这部分案件看起来范围有限，其实占相当大的比例。此类报告可以进行表格化改造。各部分预留捕诉两个环节的内容，对于犯罪嫌疑人基本情况等没有变化的内容就可以直接保留。

重点要说的是证据部分，证据部分在电子卷宗充分扫描的情况下无须进行任何形式的摘录，只是记载证明的内容和存在的问题，注明证据出处即可。

审查起诉阶段将捕后形成的证据单独列明。

审查起诉阶段要最大限度地继承审查逮捕阶段的审查成果，避免重复劳动。其实以前公诉向批捕部门要报告电子版也就是这个意思，但只是没有名正言顺而已。

第二种，其他案件。

这一部分包括三年以上刑罚的简易程序以及普通程序。

这部分案件有的简单，只是罪行更重一点，有的确实复杂。

对此，总体上采取一个文字版本，但繁简程度根据案件情况酌情掌握。

因为公诉案件的审查报告可能更全面一些，因此建议在此基础上进行改造，吸收审查逮捕的一些内容、要求，形成一个统一的模板。名称就叫××院刑事案件审查报告（审查批捕阶段或审查起诉阶段），在哪个阶段就注明哪个阶段就可以了。

总体的思路就是在审查报告的各个部分，预留捕、诉两个阶段的空间，犯罪嫌疑人基本情况等可以共用的除外，各部分内容的两个阶段分别填写，在公诉阶段对审查逮捕阶段的审查内容予以继承。

除了继承之外，还要注意两点：

一是两个环节在审查标准和审查重点上的区别，不能混同。

二是加强两个审查的联系，审查逮捕环节除了作出是否批准逮捕的决定之外，还要为公诉阶段做好一定的铺垫和准备，要求侦查机关以指控为导向进一步完善收集证据，审查起诉阶段要特别关注捕后侦查工作的开展情况，促进侦捕诉三个环节的有机衔接，形成指控体系。

在捕、诉两个审查环节之间，也要注意侦查工作开展的动态，注意沟通联系，尤其是重大复杂案件，这些内容可以在审查报告中预留一定的空间，可以在捕后、审查起诉前，在审查报告中完善上述内容。事实上，提前介入工作的有关内容也可以纳入审查报告之中。

这样，通过刑事案件审查报告这个平台就可以串联起所有的刑事检察工作,形成刑事检察工作全流程的完整记载,真正体现一体化的精神。这也是审查报告一体化的意义之所在。

审查报告是办案的缩影,对审查报告的改造就是办案模式本身的改造。捕诉一体化应从审查报告一体化开始。

隐私与效率：门禁卡与互联网的脑洞

杭州的记者发现多个小区的门禁卡存在被复制和售卖的情况，而且也发现快递小哥持有多个小区的门禁卡，连续进出多个小区。有些小区还比较高档，也就是门禁卡其实还包含了业主或者租户的信息。

如果坏人拿了怎么办？而且，公民的隐私不就泄露了吗？

其实对此我早已见怪不怪，因为我们小区现在也安了门禁。

我问一句，快递小哥不拿门禁卡怎么办？每次都等着人开门，等着保安开门？

你的快递送晚了谁负责？你的饭送晚了，凉了谁负责？

每个小区都这么耗一下，一天快递甭干了。

你以为谁在买门禁卡？你知道周边有多少快递公司？又有多少快递小哥？快递小哥换过几茬了？

你以为快递小哥手里的门禁卡还能代代传承啊？

所以对于卖卡的人手里那一大把门禁卡也不用惊奇了吧？

是的，互联网电商催生了快递这个行业，快递这个行业就是以海量的快递小哥为基础的，快递小哥的使命就是跨越各种障碍将快递送到你的手里。

什么当天到、次日达、送快餐都是以分钟计时。

当你收快递的时候，当你单位门卫快递都堆积如山的时候，当你在剁手的时候，你不会想到快递小哥是怎么办到这一切的？

是的，他们会买门禁卡，他们有时候还逆行、违章。

但是他们风雨无阻，暴风雨的时候可能乘船，下雨下雪的时候可能滑倒，人仰马翻，甚至丢掉了年轻的生命。

这些你都没看到，你只看到了他们在买门禁卡，在刷你们小区的门禁。

你以为他们愿意兜里揣一大堆门禁卡？

哪天丢了，还得再买一张。

只是因为你们小区有门禁，他才要办门禁卡。

当我们在讨论买卖、复制门禁卡可能带来的违法犯罪问题的时候，我们更要问的是，门禁卡是个什么东西？

因为最好的社会政策就是最好的刑事政策嘛。

门禁卡是限制他人进出的凭证，是个拦路虎，但是你感觉它还是个护身符。

它以限制别人的通行自由为代价，保障你的居住安全和隐私。

其实这些高档小区，往往限人不限车。

即使你没有小区车证,往往也可以刷脸拍照扫描进入,出去的时候根据时间支付停车费。

为啥车可以?因为车牌包含身份信息嘛。

再牛的业主也有亲戚朋友啊,你也不可能把亲戚朋友都挡在外边,停路边也停不下,也不礼貌,因此很多小区都允许访客车辆入内,缴费就行。否则业主也不干呐。

但是没车就麻烦了,下来接什么的很复杂,如果是至亲也会配一些卡,因此很多人兜里也会有父母家的卡、岳父母家的卡,等等。

也就是说小区也不是与社会隔绝的,无非需要一个身份识别嘛。

事实上,快递员刷卡的时候保安就站在旁边,他知道这肯定不是业主,但为什么不管?他也知道这是买的卡,但是快递员不就是要送货上门吗,这就是人家的职业,需要提供必要的便利,事实上也是业主的需求。只是物业没有与快递公司形成必要的机制,为快递员提供必要的、方便的身份识别机制。

以门禁卡为代表的隐私安全保护与以快递员为代表的互联网便利高效之间出现矛盾时,我们会不会因噎废食?

我们会不会因为滴滴存在漏洞以后就不用网络约车?我们会不会因为隐私安全就不用社交媒体?我们会不会因为有假货就不再用电商平台?我们会不会因为资金存在一定的风险就不用移动支付?

我们根本离不开互联网技术。

前几年马云说了一个笑话,说有个抢劫犯到杭州抢劫,抢个好几个店铺,就抢了几百块钱现金,说你们原来都不用现金啊。

在这个移动支付诞生的中国城市,在这个互联网电商的圣地,在已经进入无人超市的时代,竟然被一个门禁卡绊住,简直是一种悲哀!

我提个建议吧。

无人超市刷支付宝进入,那门禁卡为什么不可以?

菜鸟网络不是也在整合物流行业嘛,为什么不能将快递员的信息与支付宝捆绑,使支付宝成为一种身份识别门户,进而与门禁系统连接。

这里还有一个问题,为什么要有那么多种类的门禁卡?为什么门禁卡不能统一管理?

没人管过这个事,简直是诸侯割据,各不相容。

互联网的时代就是要连接一切,门禁卡也要车同轨、书同文。

两种方式,一种是政府统一标准;另一种是商业驱动,支付宝或者菜鸟网络,免费提供一种统一性门禁卡和识别器,就像地铁的新式闸机可以刷手机一样。

门禁卡不是隔绝藩篱,它只是身份识别的机制而已。

除了你家的客人以外,难道你不欢迎给你家送快递的快递员吗?

既然你欢迎他,就说明你已经授权他进入这个小区,他就是你的客人。

只是他又是千家万户的客人，非常匆忙。

既然是客人就没有任何理由被拒之门外，只是缺少一个认证机制。

统一门禁管理机制和统一的身份识别机制，借助于移动互联网平台有可能实现有机整合。

再进一步，既然都有无人购物了，为什么不可以取消有形的门禁卡，完全变成感应识别或者人脸识别，从而实现无障碍的身份识别机制，让我们在保障安全的同时，让出行、交往更加畅通。

不要小看这种点滴的障碍清除，它将降低巨大的交易成本，积累下来的将是巨大的经济效益，这不就是互联网的未来吗？

互联网的本质是连接，连接就必须打破一切障碍，门禁卡不应成为阻碍社会发展的障碍。

这种打破一切障碍的力量是巨大的，是历史的洪流，不会因为门禁卡就被阻挡。据说外国人看到喜马拉雅山山脚下的小店里也可以用移动支付，彻底折服了。

刚才马云的故事不是说了吗，杭州人的家里没有现金。另外，进出全都身份识别了，堪比第二个雪亮工程，还怕什么小偷呢？

门禁卡看起来是个隐私的事，但其实是找错了病根。

我们需要担心的不是手里有几张门禁卡的人，而应该担心手里有成千上万个身份信息表格的人，门禁卡的分散割据状态才是隐私批量泄露的真正威胁。身份信息泄露的规则是零售不值钱，批发才值钱，因为这里边还有一个交易成本问题。

我们在思考社会治理的时候，一定要看到现象背后真正的问题，用动态的眼光、发展的视角解决问题。

看起来是一个社会隐患，处理得法反而成了一个巨大的发展机遇。

从万物互联到万户互联，互联网的下半场还要看浙江。

第三章 启示录

"药神"的启示[*]

电影中的"药神"被判有罪,现实中的"药神"先起诉后撤回,再做不起诉。

"药神"的命运能否被预期?

公众判断与法律判断产生差别的原因是什么?

如果有一个更大的"药神",它的命运又会怎样?背后的判断规则应该是什么?

这些就是"药神"的启示。

法律的作用之一就是行为可以被预期。如果行为的合法与违法总是处于灰色地带,尤其是是否触犯刑法都处于模糊地带,那将使社会公众充满侥幸心理和不确定性,从而坠入丛林法则的深渊。

---

[*] 本文最初于 2019 年 4 月 21 日发表在"法律读库"公众号,2019 年 8 月 26 日《中华人民共和国药品管理法》修订,对假药、劣药进行重新定义,与本文所持观点一致。

最需要解决的就是刑事违法性和起诉必要性的标准。

为什么有些案件起诉了公众不满意？

为什么有些案件不起诉公众反而满意了，检察机关成为正义的化身？

公众的认知与法律的认知的差异在哪里？

所谓常情、常理、常识与法律专业评判标准的关系又是什么？

解决这些问题需要从实体和程序两个层面来考量。

1. 实体层面

刑事违法性的标准应该是法益侵害，具体到"药神"主要涉及的是销售假药罪，那就是公民的健康权和生命权。

而"药神"之所以是"药神"，指的是他销售的是真药，而且是救命的药。只不过是仿制药，这涉及知识产权的问题，但并不威胁到健康权和生命权，相反是在维护健康权和生命权。

他不是在害人，而是在救人，而且还是冒着风险救人，所以谓之"神"。

知识产权也很重要，但并不是销售假药罪所要直接保护的法益。

真药为什么要定"假药"？

这里边有以假药论的问题。

《刑法》第141条第二款明确规定:"本条所称假药,是指依照《中华人民共和国药品管理法》的规定属于假药和按假药罪论处的药品、非药品。"

也就是销售假药罪中最核心的罪状"假药",是由《药品管理法》这个行政法规定的。

以"假药论"也就是当作"假药"来处理的意思,本质来说应该与真正的"假药"具有等质性,都会危及公民的健康权和生命权。

《药品管理法》第48条规定:禁止生产(包括配制,下同)、销售假药。

有下列情形之一的,为假药:

(一)药品所含成分与国家药品标准规定的成分不符的;

(二)以非药品冒充药品或者以他种药品冒充此种药品的。

有下列情形之一的药品,按假药论处:

(一)国务院药品监督管理部门规定禁止使用的;

(二)依照本法必须批准而未经批准生产、进口,或者依照本法必须检验而未经检验即销售的;

(三)变质的;

(四)被污染的;

(五)使用依照本法必须取得批准文号而未取得批准文号的原料药生产的;

（六）所标明的适应症或者功能主治超出规定范围的。

我们可以看到，无论是禁止使用、变质、被污染、违法原料、超出主治范围等规定都明显与假药具有等质性，都直接危及生命和健康。唯有未经批准生产和进口，尤其是进口，主要是以管理为问题。不准进口的原因很多，有些时候就是药品本身有问题，有些又存在知识产权保护、海关管理等考虑，这些并不直接与生命和健康权相关。

如果我们直接把行政法所限定的内容搬到刑法中，也就是在空白罪状中用行政法填满，就是直接以行政违法性代替了刑事违法性，也就是用行政的考量代替了刑法的考量。

这是一种刑事违法性判断的形式标准，但是基于法益理论，从保障人权的法理角度，我们更应该主张刑事违法性判断的实质标准。

也就是要用法益标准来检验刑事违法性。实际上就是要具备行政违法性和刑事违法性的双重标准。"以假药论"首先是体现国家对药品的从严管制，这无可厚非，从总体上看和长远来说对国民也是有益的。但实质上也出于管理方便的考虑，极端情况下与国民求医问药的真实需要也存在矛盾。"药神"现象就是典型的例子。

此外，刑法作为最严厉的惩罚，它并不能过多地从方便管理的角度滥施刑罚，它要更多地从实质的角度来看问题。就是要问一个问题，是不是真错了，真的做得不对，对法益是不是真的有损害。

它要体现公正,从而才能产生威信。

这种判断的标准其实也体现了一种比例原则。更严重的处罚,当然需要更严格的判断标准,行政法本身自然如此,整个法律制度体系也如此。

那么从实质的标准来看,销售没有批准进口的仿制药到底应该怎么考虑?是药,首先要看疗效。如果成分确实与真药无异,甚至行为人也亲测有效,那就说它本质上是真药,与假药不等价,一般人也不会认为它们之间等价。

这个时候的以假药论,就是将进口管理与药品管理等价,将生命健康与市场管理等价,这是管理方便的原则。

当然我们要看一个更深层的问题,我们不能要求行政判断像司法判断一样追求实质,不仅有比例原则的问题,还有行政成本问题。

行政权需要快速高效地处理问题,事事追求实质就将使行政权无法运行,这是我们应该理解的。以××论的语法结构,本身就体现了简易判断之事,如果有这种形式上的表现就可以推断为假药,或者按照假药管理,潜台词就是这些基本上是假药了。

对于"禁止使用、变质、被污染、违法原料、超出主治范围",可能确实是,没有批准生产也问题不大,没有批准进口的意思主要是没有经过国内标准判断我们就不接受。

但实际上经过批准进口的药品和没有经过批准进口的药品，如果是同样的药品，那他们的区别又是什么呢？使用许可？这本质上是管理权。

在这种极端的情况下，就是将管理标准转入专业标准了。

当然这个例子比较极端。更多的情况可能是没有经过批准进口的药品与可以批准进口的药品，功能和成本基本一致，但可能不完全相同，疗效一致，但是价格低廉，也就是仿制品。

这种药品本质上也是真药，它们危害的不是生命健康，而是真药公司的市场份额和销售利润，以及促进真药研发的激励链条，这也是非常重要的事。

还有些未经批准进口的药品，也可能是处方类药物，滥用可能产生瘾癖，或者是有相当程度的副作用，国内已经放弃生产的"落后药"，还有些药品可能是国外可以生产，国内还在观望的"超前药"。

这些药品只有经过实质判断才能确定其作用，甚至危害，需要付出很大的行政成本。为了避免这些非经批准的进口药所可能产生的危害，降低判断成本，提高"可操作性"，也就是"一刀切"了。

更何况即使治病救人的仿制药也破坏了正常的药品销售秩序，侵犯了知识产权，违背了市场的公平原则，也是药品管理法要考量的问题。但是行政判断不能代替刑法判断，行政法的考量不能等同于刑法的法益。

为什么说一般的法秩序不能代替法益作为刑事违法性的判断标准？主要就是笼统的法秩序会混淆行政法秩序和刑法秩序的界限，将一般的行政违法行为，混入刑事违法性的判断，从而才会产生所谓机械执法的问题。也就是只看形式，不再深究实质。

因此具体的法益侵害标准的判断，就是在坚持刑事违法性的实质标准，就是以更加严格的标准来审慎把握刑罚权，从而最大限度地确保公民的自由和人权。

还有一个次要的问题就是牟利，从而来判断本质上是否是一种销售行为。利润当然是传统商业行为的本质，本质上一般不会赔本做生意，只是利润获取周期和数量的问题，否则就与慈善行为不易区分。

事实上，没有任何利润的赔本或者保本，与微利之间也很难完全划清界限。

因为有些成本很难核算，比如人工成本，规避政府监管的成本，包括使用英语沟通，使用换汇渠道购买，以及维持这个活动的持续运行。这些成本如此之重，以至于个人很难操作和承受，单品的销售价格也会更高，虽然已经远低于真药的价格。

还有就是生命和健康的巨大压力和求医问药的巨大难度。这也是"药神"总是存在的原因。他是违法的吗？确实。但不可否认的是，他也帮助了很多人，而这些人并没有太多的渠道而得到帮助。难道因为获取了少量的利润就否定了这种帮助的本质吗？不应该。

而且这个利润到底是用于维持经营、扩大经营还是完全为了自己使用，也是很难界定的。

但是利润率确实能够帮助判断行为的意图和本质，到底主要是帮助人，还是赚取利润，而顺带帮助人。

同时还要结合所销售药品的类型，是否都属于这种仿制的救命药，是否还有其他的药品，这些药品销售的动机又是什么，利润率是多少。

这些药品是否实质地存在危害？比如瘾癖和副作用。我们考虑的不仅是利润和进口许可，还要实质地判断这些药品对生命健康权的侵害程度。

探讨这些就是试图在界分行政处罚和刑事处罚的标准，行政处罚能够解决就没有必要一定动用刑罚。

刑罚不是恐吓手段，它一定是法益保护的最后一道防线。

如果仅仅是保护药厂利益以及进口药品的管理秩序，完全可以通过行政处罚的方式加以解决。

将对人体无害反而治病的药物以假药论，很难获得刑法的道义基础，而违背刑法的价值取向，也不符合整个法律体系的比例原则。

这些原则不仅限于"药神"现象，事实上适用于所有的违法性认定困境。

比如使用假驾照加油的快递小哥，没有任何其他违法行为，只是为了加油送快递,将其认定为使用虚假身份证件罪,或者以让他人为自己伪造为由套用伪造身份证件罪,都将混淆行政处分和刑罚评价的标准,背离刑法的目标。刑罚并不是更加严厉的行政处罚,通过刑罚评价帮助更好地开展行政管理也不是刑罚的目的。

刑罚作为最为严厉的惩罚措施,必须坚持最严格的程序和标准,必须坚持比例原则和谦抑原则,滥用刑罚必将使刑罚的效用呈现边际递减,并因为显失公平而丧失权威性,而且会放大短期自由刑等负面作用。

包括最近纠正的一批经济案件,其中判决的理由很多时候都采取了这种实质判断的标准,还有一系列正当防卫的案件,都不是简单得出结论,从本质上来说就是以实质标准来判断刑事违法性。

形式标准有它的便捷性,这种便捷性主要体现在行政执法领域,刑事司法应该更加审慎,应该将公正作为更高的目标,也值得付出更多成本来看清行为的本质,从而做出更加公允的判断。刑事处分的目标更加长远,要体现长治久安,唯有公正才能持久。

因此,"药神"的启示之一就是要坚持刑事违法性的实质标准,审慎界定行政处分和刑罚标准。

2. 程序层面

这种刑事违法性的实质标准，由谁来判断？怎么来判断？这是程序性的问题。

这在很大程度上是一个起诉必要性的问题，因为这种实质违法性的判断涉及刑法理论和刑事政策的权衡把握，有些时候还需要相关专业问题的判断，由作为统一掌握起诉权的检察机关来把握比较合适。

在审前对刑事违法性作出审慎判断，对当事人和公众都是更为有利的选择。虽然法院应该是刑事违法性的终局把关者，但是大量交由法院出罪也是社会比较难以接受的，同时给被告人所增加的诉讼风险和压力也是难以承受的。

及早判断刑事违法性对当事人和公众可以说都是一种解脱。对于有些基于常识判断可以得出结论的，比如比较明显的防卫问题，甚至可以由侦查机关作出判断。

但是侦查机关的主要职能还是查清事实，收集全部证据，对于更为专业性的案件由检察机关最终作出是否进一步提出指控的决定比较合适，在程序制约的角度上也更加公开透明，对申诉等救济权的保障也更为充分。

所谓实质的刑事违法性并没有一个机械化的标准，终究还需要人来判断。

而且所谓的刑事违法性应该也不是一个恒定的原则，而是随着时代和社会的发展而不断调整变化，就连伦理和价值观都可能产生变化，而这些是刑事违法性的判断依据。

检察机关的起诉必要性判断就是通过感受公众认知来动态把握刑事违法性的标准，不断矫正刑事违法性的准绳。

正当防卫就是一个很好的例子，从近年来防卫性案件的处理结果看，公众的接受度就有一个逐渐提高的过程，这直接体现了舆情的情况，检察机关不起诉的决定是这种呼声最好的回应。据说昆山公安局和检察院都收到了全国各地老百姓送来的锦旗，这就是司法与公众的良性互动。

如果所有人或者大部分人都不认为一种行为是违法行为，甚至是一种应当被表彰的行为，你的违法性认定的依据又是什么呢。法条的符合性？那法条又是哪里来的，法条不也是人民的根本意志吗？当然这其中经过审慎的研究，专家的把握和严格的程序才能成为国家意志。但是不要忘了这个国家意志的本源还是来自公众意志。

在公众意志已经充分表达，甚至在法律专业群体中都形成了高度的共识，认为一种行为不具有违法性的时候，牵强地认定违法性实际上只是在维护司法流转的惯性和自己的权威，已经不再是司法的权威和法律的权威。

就像赵宇案，当见义勇为已经成为压倒性的共识的时候，仍然以相对不起诉处理，就是仍然在坚持对正当行为的违法性判断，但这种违法性判断无法受到社会的认可，并最终被上级检察机关予以纠正。最终的法定不起诉决定成为法制史上又一标杆性案例，事实也是违法性判断的典型案例。

所谓的违法性判断不是法律表面的逻辑，而是蕴含在法律的本质性功能之中，也就是社会规则的维系。这种规则一定要与社会发展相吻合，一定要符合公众的基本期待，只有这样才能获得正当性。只有良善的法律，才能让人信服，让人信服才会被真正遵守，只有这样的法律才是法律。只有被践行的法律才是法律。所谓恶法非法就是这个道理。

社会发展进步的一个重要标志，是人们的权利保护意识越来越强，马斯洛的需求阶梯越来越高，生理需求、安全需求满足之后，社交需求、尊重需求以及自我需求越来越强烈。

表现出来的是对恶法越来越不能迁就，你可以说是公众的司法需求品位提高了。不是差不多就行，不是相对不起诉就行，该法定不起诉就必须法定不起诉。

体现到违法性判断上要更加谨慎，为公民个人保有最大的行为自由空间。在法与不法的对抗中，要更加持旗帜鲜明地站到法的立场上，唯结果论与和稀泥将不再被接受。

对于违法性判断，正当防卫是一个好的开始，因为容易被理解，需要权衡的价值并不复杂，是一个由浅入深的开始。再进一步，比如对我们前面说到的"药神"以及将来可能出现的更大的"药神"，就需要更加复杂的考量，因素涉及更多。而且未必是非黑即白的判断，很多时候是灰色地带，甚至还要看主流。

但不管怎样,我们都要坚持刑事违法性的实质标准,在不起诉权考量上就是公共利益考量。但是现行的不起诉模式还主要针对的是轻微犯罪,对于重罪的公共利益考量十分困难,极个别适用了法定不起诉还是要下很大的决心,需要层层请示汇报。看起来是在程序内作出的决定,但是决策实际上在程序之外。

原因就在于需要考量的公共利益以及可能造成的影响都非常重大,原来的法定程序内部压力过大,需要寻求上级决定。当然这也是检察一体化的领导机制和司法行政化惯性决定的。但是检察一体化的意思绝不是程序外决策,事实上程序内留有一体化决策的空间。

程序外决策的主要弊端在于随机性、封闭性和救济权无法行使。事实上,司法体制改革的核心就在于以程序化的决策代替非程序化的决策,从而保证司法行为的公开透明。

事实上,最新一轮的《刑事诉讼法》的修改已经建立重大刑事违法性判断和公共利益衡量的制度,那就是认罪认罚的特别不起诉。

《刑事诉讼法》第182条第1款规定:犯罪嫌疑人自愿如实供述涉嫌犯罪的事实,有重大立功或者案件涉及国家重大利益的,经最高人民检察院核准,公安机关可以撤销案件,人民检察院可以作出不起诉决定,也可以对涉嫌数罪中的一项或者多项不起诉。

也就是说即使犯罪嫌疑人触犯的是重罪，只要符合重大立功以及涉及国家重大利益的，呈报最高人民检察院核准可以进行撤案或者不起诉处理。

事实上，这种特别不起诉早有先例。

《德国刑事诉讼法》第 153 条 d 规定：如果启动起诉程序会给联邦德国造成严重的不利情况或与其他的重大公众利益相抵触时，联邦最高检察官可以对这类犯罪行为不起诉。已经起诉的，联邦最高检察官可以在程序的任何一个阶段撤回起诉或者停止程序。

对于有着重大影响，涉及重大公共利益和重大刑事违法性的权衡问题，与其进行内部请示，不如寻求程序内处理，比如认罪认罚的特别不起诉。

之所以有这种特别不起诉的设置，就是法律考虑到有可能突破现行法定范围进行公共利益考量，必须经由最为审慎的程序和判断。因此，无论是公安机关的撤案还是不起诉都要呈报最高人民检察院核准。由最高追诉机关统一把握重大公共利益和重大违法性的判断权。

事实上，法律允许最高司法机关经由特定程序突破实体法律规定，特别不起诉并未第一例。之前还有法定刑以下量刑的决定权。

《刑法》第 63 条规定：犯罪分子具有本法规定的减轻处罚情节的，应当在法定刑以下判处刑罚。

犯罪分子虽然不具有本法规定的减轻处罚情节，但是根据案件的特殊情况，经最高人民法院核准，也可以在法定刑以下判处刑罚。

此类规定实际上是法律明知自身存在一定滞后性的自我矫正机制，在不能通过立法行为及时与社会发展相适应时，允许最高司法机关经过一定的法定程序，作出一些突破现行法律规定的补救行为，目的是尊重法律的社会基础，追求实体公正，以赢得公信力。

这是一种司法与立法的配合，通过司法弥补立法能动性的不足，也通过最高司法机关的司法行为确立一些初步准则，对立法漏洞予以预备性修补，待经验累积成熟再经由立法程序正式纳入法律规定。

但遗憾的是，如此良好的法治愿景，却很少实际操作，无论是在法定刑以下量刑的核准，还是特别不起诉的核准，实际上很少有人问津。

原因：一是程序上严格，走程序所要付出的行政成本高昂；二是司法内部请示制度，更加灵活便捷；三是规避特别程序的出口仍然存在，量刑反制定罪，判处免刑几乎可以解决任何量刑问题。相对不起诉，内请法定不起诉也可以一定程度上解决重大案件的起诉必要性问题。

但是这些并不是制度性的解决路径。也无法获得法律设定所可能获得的司法与立法的持续良性互动。特别是会放弃对刑事违法性和公共利益的复杂权衡,最终会步入机械性司法的怪圈。使推动司法的关键性裁量只能成为偶然现象。

为什么程序内解决应该成为法治导向?因为程序不但可以保证公开、透明,程序也有着不以个人意志为转移的制度刚性,从而为法治,也就是法律之下的治理留下真正的空间。

比如认罪认罚的特别不起诉程序可以通过一些制度安排实现程序正义与实体正义的双重价值。这种安排可以包括:

限定国家重大利益范围:涉及国家重大利益是指关系国家安全、国防、外交及其他重大国家利益。

确立裁量的基本原则:在办案特殊案件的撤案和不起诉审查过程中,除了需要坚持认罪认罚从宽制度的基本办案原则以外,还要坚持以下原则:

(1)坚持利益权衡原则。案件中涉及的重大立功与国家利益应当明显大于涉嫌犯罪的严重程度。

(2)坚持综合考量原则。应当综合考虑案件涉及的重大立功、国家利益、罪行严重程度、被害人态度、社会接受程度等各方面因素。

(3)坚持审慎稳妥原则。对于证据把握、利益权衡、舆情影响等方面把握不准的,可以通过召开专家论证会、听证会等方式充分听取各方意见。确实存在争议的,一般不宜作出撤案或不起诉决定。

犯罪嫌疑人、被害人的权利保障:最高人民检察院和上级人民检察院在办理报请特殊案件的过程中,应当保障犯罪嫌疑人获得有效法律帮助,确保其了解认罪认罚的性质和法律后果,自愿认罪认罚,应当听取犯罪嫌疑人及其辩护人或者值班律师的意见,并听取被害人及其诉讼代理人的意见,记录在案并附卷。

保障申诉权:作出批准撤案和不起诉决定之后,被决定人和被害人如不服决定的,可以自收到决定后七日内向最高人民检察院提出申诉。

建立公开审查方式:在审查过程中,根据案件的争议程度和影响程度可以举行听证会,在听证过程中应当听取侦查机关,犯罪嫌疑人及其法定代理人、辩护人,被害人及法定代理人、诉讼代理人的意见。听取意见可以分别进行,也可以同时进行。公开审查活动应当在人民检察院进行,也可以在人民检察院指定的场所进行。公开审查活动应当由案件承办人主持进行,并配备书记员记录。除涉及国家秘密、商业秘密、个人隐私的情形,听证会一律公开进行。公开听证时,允许公民旁听;可以邀请人大代表、政协委员、特约检察员参加;可以根据案件需要或者当事人的请求,邀请有关专家及与案件有关的人参加;经人民检察院许可,新闻记者可以旁听和采访。

程序本身就可以增强正当性,程序是通往实体正义的必由之路。事实上程序也要遵循比例原则,特别重大的实体判断当然要遵循特别严格的程序安排,这是在立法向司法打开一扇窗口时,司法应当遵守的条件。

这个条件使重大司法裁量能够获得与立法酝酿等质的严谨性和公开性，从而产生正当性。这是程序外决策难以获得的，尤其是影响程序外决策的因素具有一定的不确定性，流程要求和决策机制具有一定的随意性。

就比如"药神"类案件以及其他重大复杂的案件，有两个解决路径：一种方式是程序内的，如果通过自身检察裁量能够作出结论，直接作出结论。如果觉得关系重大，甚至可能突破法律，但基于公共利益的考量还是不宜起诉的，可以考虑通过认罪认罚特别不起诉的方式呈报最高人民检察院核准，由最高人民检察院依据法定程序作出决策。在整个程序的过程中，当事人始终可以行使自己的救济权以及意见表达权。另一方式就是通过内情汇报，最终作出决定，但是具体的流程和决策机制难以为外人知悉。

如果选择第一种程序，将形成一种良性的筛选机制，轻罪案件以及对一般的公共利益的把握，由一般性检察裁量方式决定；重罪案件以及特别重大的公共利益案件，由最高检察机关把握，并通过最高检察机关的把握，形成一系列具有刑事政策意义的案例，从而为刑事违法性判断和公共利益考量建立标准，并为立法积累经验。

虽然走程序具有一定的成本，但与长远的法治收益相比是值得的。而且程序只有通过运转才能发现问题，才能在实践中降低不必要的运行成本。

也只有通过法律建构的特别程序的运行，才能真正实现通过司法弥补立法滞后性的先天不足。

通过程序外决策方式获得的处理结果，不但损害了程序的严肃性，而且也僭越了最高追诉机关行使的立法补救权，有碍法律的统一实施。

因此，"药神"的启示之二就是要走程序化法治之路。

事实上，"药神"现象的最大启示，就是要以发展的眼光审视法律，从本质意义上理解法律，从实质意义上理解犯罪与刑罚，通过制度进路解决社会问题。司法虽然是一种个案式的解决路径，但可以通过法定程序形成最高层级的指导案例和原则，为根本性的制度解决方案积累经验，打通立法与司法界限，理解法治的运行方式，法治是一个不可分割的有机体。

好的法律，温柔而有力量

好的电影，直指人心。

好的规则，温柔而有力量。

最近看了《奇迹男孩》，感慨良多，既看到了人性的力量，更看到了规则的力量。

校园的规则，对孩子而言就是法律，对校园规则的运用，对学生来说与司法无异。

法律的信仰就根植于这些幼小的心灵中。

孩子并不幼稚，有时只是大人太过于成熟。

1. 多元、包容、平等的真正含义

任何初到幼儿园、学校的孩子都会显得怯生生。打破舒适区对任何人而言都要有一个适应的过程。孩子确实是一张白纸，但有的也不完全白，有很多已经被家庭、社会灌输了不少的观念，这些观念有好、有坏，很多时候只是过分地溺爱，很多时候需要老师的矫正，这就是一个社会化的过程，这也是一个重建规则的过程。老师首先要教的就是遵守纪律，这样才能批量化地进行管理，也是树立一种规则意识，创造一种秩序，这就是法律的基础。但是又要适度，否则就会扼杀天性；同时要掌握方法，不能侵犯孩子的基本权利，甚至伤害到孩子，否则就相当于"滥施刑罚"。

学校是社会的投影，孩子在这里塑造价值观和世界观，他们对人生的信念来自于此，在这里的感受和创伤最终会带到社会上来。孩子不仅从老师那里感受到规则，也要从同伴身上体会规则，没有什么潜规则、明规则，对孩子而言都是规则。

奥吉的学校深知这一点，他们在这个面部有严重缺陷的小男孩入学之前，首先安排三位经过挑选的同学带领奥吉熟悉这所学校，实际上就是帮助奥吉建立最初的交往圈，帮助他尽快融入这所学校。我们透过奥吉的眼光可以看到，其实三位同学也代表了三个社会阶层，奥吉是通过他们的鞋子发现的。因为除了学习，奥吉终要与同学接触，有些领域是校方也无法触达的，比如吃饭时与谁坐一起，在操场上与谁一起玩，课堂活动与谁一起搭档，这些在成人社会里有时叫"办公室政治"，我们姑且叫它"校园政治"，其实它就是一种规则。

我们从小就感受过这股力量，妈妈不可能老在身边，老师也不可能随叫随到，而且有时候告老师、告家长会适得其反。所以奥吉很多时候也不想对家里说出心中的委屈，因为他知道家里也解决不了，这个世界最终要他自己面对，很多时候早早就需要自己面对了，只是家长可能忘记了自己的成长经历。

这就是真实的社会，没有什么残酷不残酷，只是现实而已。

多元、平等、包容的社会对每个人都意味着不同的概念，身份、地位不同，感受起来也不一样。但有一点是放之四海而皆准的，那就是幸福从来都需要自己争取，从来不是从天而降，校园如此，社会亦如此。

在颜值即正义的时代，相貌丑陋、古怪几乎让人失去了活着的勇气，但如果这勇气首先失去了，那就不仅仅是颜值的问题，还有一份自己的责任。

不经过一番抗争，又凭什么觉得自己应该得到？

资源禀赋的不均衡是经常性的，关键是我们如何面对：是自怨自艾，还是直面人生，发挥其他的优势，全在于自己。

上帝关上一扇门，总是会打开一扇窗。

我们总能找到一种新的禀赋去点亮人生，一旦点亮，别人就会注视这个亮光的焦点。人虽然不总是善良的，但容易学会适应，学会抓重点。奥吉的智力、正直和勇气给他带来了一束光，是这束光带他更快地进入这个多元、包容和平等之境，而不是怜悯和同情。

2. 权不阿贵，法要容情

这个道理很好懂，但做起来很难。但社会的规则不就是从小习得的吗，这样心中的律令才能真正约束人心。当我们知道家里要给老师送礼，当我们知道老师只会偏袒有权有势的同学，我们又怎么信仰未来的法律？

我们都知道校园霸凌，看见了家长的交涉和社会的处置。但是，我们从学生的眼光看，谁从小没打过架？谁又完全没有受过欺负？我们当年是怎么处理的？各打五十大板者有之，告密者受到老师的保护，但受到同学的排斥者亦有之，反抗暴力者以结果论受到重罚者亦有之。

无论哪样都不能完全消除校园矛盾和冲突，但是如何处理却为进入社会树立了最初的规则意识。

以暴力反对歧视，杰克·威尔打了经常嘲笑奥吉的朱利安算是为奥吉出了头，校长图什曼对他停课两天，但没有停发他的奖学金。事后杰克·威尔主动向校长承认了错误，并称虽然您可能会开除我，但我不想说出打架的原因。图什曼说，根据我二十年的教育经验，我知道任何事情都有两面性，虽然你不想说，但我也能猜出打架的原因，打人固然不对，但是友谊同样值得捍卫，因此有了上面的处罚决定。

校长对事情的本质有衡量，他知道哪些是蓄意的，哪些是表面的。在朱利安对奥吉侮辱升级的事件中,校长认识到了事件的严重性,将家长找了过来,虽然家长也很强势,甚至甩出"我有很多朋友"等话时,也能够以"我的朋友更多"坦然应之,一个教育家的风骨充分彰显,这何尝不应是执法者的风骨?

幼小的心灵,如果不是以公正和温情呵护,又怎么能够成长为栋梁?

好的规则,更需要好的执行者,才能温柔而有力量。

法律体现的从来都是价值观。

3. 敢于肯定,规则才有力量

我们上学的时候,三好学生、优秀学生干部,还有二级运动员,这些都是激励的标签,有些甚至可以在升学时加分。记得上大学的时候,我动员一个入学时标明是二级运动员的同学参加运动会,为班级争争荣誉,他这时候说了实话,说我不能跑,弄这个就是为了加分,我心想这时候说实话了,真是耽误事啊,但是这又何止是耽误事?

如果激励用错了地方,它的效果往往还不如不激励,它会破坏对公正的信仰,而信仰是法律的生命。三好学生、优秀学生干部的称号应该给谁,一个单位的优秀员工称号应该给谁,一个企业怎么确定绩效,直接影响了这个集体的价值观和进取心,影响了他们对其他规则公正性的认可度。华为的任正非说过,不能让老实人吃亏,要以奋斗者为本,由此建立了能够在灾难中逆行的华为军团。

奥吉用自身的勇气和智慧赢得了同学们的尊重,但他并不敢奢望光环,他只觉得能够融入集体就已经非常幸福,但是他以先天不足的条件融入集体,并感染同伴激励进取已经是巨大成就,这个成就被校方认可,而这个认可本身也受到热情的欢呼,这个欢呼不仅是给奥吉的,也是给赏罚分明的校长的,给光明不被遮挡的美好世界的。

好的法律,温柔中有一股力量。

新启蒙时代

从什么时候起我们不再喜欢看春晚?

从什么时候起我们开始要知识跨年?

是我们对知识的渴求胜过了感官的享受,还是我们将认知也当作一种新的娱乐形式?

就像《波斯人信札》《国富论》《罗马帝国衰亡史》的时代。

这也是一个对知识格外渴望的年代。

这是一个新的启蒙时代。

1. 认知焦虑

时代的发展速度让每一个人都带有一种眩晕感。

让我们有一种强烈的认知紧迫感。

如果不能够抓住把手就有可能被甩下车。

不了解新的知识和技术,不再是不懂,而是不适,这构成了一种无形的认知压力。

这种压力是普遍的，因为技术的发展极大地降低了成本，最具代表性的是智能手机已经普及到所有级别的城市甚至乡村，理论上讲拥有智能手机也就拥有了认知现代社会的基本渠道。

这是一次认知基础设施的普遍升级，就像谷登堡的活字印刷术打破了知识垄断一样。

智能手机和移动互联网的普及也打破了信息垄断，从而创造了一种认知可能。

压力和可能放在一起就是希望。

每个人都看到了窗外的世界，每个人也都或多或少够得着。

而且这样的人越来越多，也许在很多人看来，挣钱比花钱还有意思，创业比打工要带劲。

在他们眼里追剧看片已经无法满足他们内心的真正渴望。

他们要的是帮助他们改变世界的力量。

他们不再希望成为别人精彩人生的旁观者，他们就是要过上精彩的人生。

他们不再满足于被给予，他们想要创造。

这是改革开放四十多年最大的收获，从一部分人的进取变成了大部分人的进取，从人口数量红利变为人口质量红利。

我们爬上了马斯洛的需求阶梯而浑然不觉。

2. 人性觉醒

知识最大的功能不仅是改变世界，还包括认清我们自己。了解自己内心的真正渴望和诉求。

社交媒体传达了一种倾向，既是我们自己想表达的，也是我们希望别人这样看我们自己的，但这里体现的都是价值观。

纵观今年的一些爆款文章，更多地传达了一种明确的事实、态度和观点，是人文精神和批判精神，而不是八卦和娱乐；是深层次的精神追求，而不是简单的情绪宣泄。

我们更加强烈地呼唤人性，对自己的权利也有了更加充分的认知，对国家和社会也有着更高的期待。

就拿笔者的那篇《你办的不是案子，而是别人的人生》为例，之所以能引起了一些反响，可能主要有这三个方面的原因：

一是公众对法治有更高的期待。

社会的聚焦点正在从冤假错案，逐渐转移到机械执法。让老百姓在每一个案件中体会到公平正义，也有这一层的含义。公平正义的实现不仅是宏观意义上的，也是具体而微的；不再是粗线条的，而应该是精细化的。"体会到"的含义其实就是一种感受。

这份感受首先需要认真对待，也就是要重视，要深入地了解案件的处理对当事人可能造成的影响，也就是"我们办的其实不是案子，而是别人的人生"。之所以引发共鸣，其实也是一种需要被关注的需求得以释放。

其次,感受需要体会才能了解。体会作为人类情感是双向的,只有你体会到他,他才能体会到你,只有当司法官设身处地为当事人着想、考虑的时候,当事人才能体会到司法的温度。最后,有些犯罪存在一定的社会原因,有某种不得已之处,尤其在社会转型发展时期更为集中,且容易引起共鸣。因此当事人和公众希望司法机关对此有所理解和体谅,如果我们不顾这些社会问题,就很容易产生社会性的机械执法,给人一种不食人间烟火的冰冷感。

二是司法官对自身有更高的要求。

这种对机械执法的反思之所以能够引起广泛的共鸣,实际上体现了一种集体的反思,体现为我们对自己提出了更高的要求。这包括同理心,对当事人要有一份了解之同情,这种同情不是感情泛滥,而是对犯罪特殊性的了解、对犯罪起因的深层理解,以及对案件整体处理的综合把握。

还有人性洞察力,也就是司法不仅在于逻辑而在于经验的本质含义。能够综合自己的社会阅历、经验判断和法律逻辑,洞悉犯罪的真实动机。

还有伦理检验能力,就是通过常情、常理、常识去判断法律逻辑的实质合理性,也就是用善治弥补法律的缺陷,这对于成文法国家尤其重要。

三是新的共识正在逐渐形成。

这种共鸣的产生除了公众和自身的需求，还有法律职业共同体之间的相互期待。尤其是律师对司法权力能够得到妥善行使的期待，司法官之间也期望对方的行为和决定更加合乎实质正义。

围绕这些期待，一些共识逐渐形成，包括人性与理性要相互结合，尤其是人性的伦理价值对理性的检验作用要充分发挥；在严格的程序框架下要追求实质正义；要包容同类的不完美，也就是从进化的视角来思考对待犯罪的态度，包容是为了更好地回归和融合；要永远以积极的态度对待人性，也就是永远要有一颗柔软的内心；在追求效率的同时，不能以牺牲效果为代价，等等。这些共识并不是凭空臆想的，其实也是综合当下的法治诉求的结果，相对地进行了系统化，经过这次共鸣得以确认而已。

3. 新的进化

这个时代在物质发展之外，对精神生活变得格外渴望。就像在围着篝火讲故事的智人，首先是有了火，其次是有了比较多的食物，最后是狩猎需要更多的协同。这个时候，会讲故事与会打猎变得同样重要，甚至更加重要，因为这里边包含了方法、技巧、路径和心理调适，而且可以代际传承。故事里包含了经验和智慧，会讲故事的部落不仅是快乐的，而且将更加强大。

这种场景像极了今天的知识跨年，罗老师无非就是那个在篝火边讲故事的老爷爷，他讲的无非也是方法、技巧、路径和心理调适，我们就是那些被故事吸引的孩子。

那些PPT感觉就像印在山洞里的手印，强化并记录了一些重要的信息。

那些文章，那些书，也其实就是一些故事，是想象的产物。

你接受它、传播它，无非就是加入这个想象的共同体而已。

这些想象所形成的价值观体系就是连接彼此的纽带，通过分享、交互、竞争促使我们实现协同进化。

而那些不愿意听故事的孩子，也不要紧，只是他们在狩猎现场上更容易陷入危险，所以从基因的角度讲更不容易遗传下来而已。

根据累积效应，一点点的优势通过经年累月的积累，就会被不断放大。从而形成物种性的差异，就像人跟猴子的差别。

人类的技术进步从来不是均衡性的，就像工业革命的结果一样，一定是从某些中心区域、中心行业、中心人群向外扩张，因此我们不是主动融入历史，就是被动融入历史。

这种压力，我们都或多或少感觉到了，对知识的渴望其实就是加速进化的直接反映。

这是一个时不我待的时代。

虽然，这个时代仍有很多的不如意，但越来越多的人选择了在知识上进取，与命运抗争，至少是发出声音。

这既不是最坏的时代,也不是最好的时代,这是一个竞争加剧、进化加速的时代。

这是一个人人参与的时代,那个想象的共同体,你也是创造者之一。

欢迎来到新的启蒙时代。

为什么我们是沉默的大多数？

两个人的争执就可以让十几条性命一起陨落。

你可以归结于性格,归结于这两个人的行为,但这过于简单。

因为驱使人类行为的并非只有性格,还有道德、习俗、规范、法律以及文化。

1.

这个世界并不是这两个人的世界,为什么其他人要选择随波逐流？

家教好的孩子不能任着性子来,成人不是更应该懂道理？

所谓一切的自律终归都是一种他律。

那种他律就是社会规范。

但是这种社会规范有时候来不及,决定方向盘不至于乱打的时间窗口也许只有十几秒钟,决定要不要捡刀反击的时间可能只有几秒钟。

在这么短的时间窗口,社会的规范能做什么?

社会规范能做的就是在每一个公民脑海一遍又一遍刻下近乎本能的条件反射,那就是:

该出手时就出手!

法律不会责难自救行为。

法律同样也不应责难保护他人的人。

这条律令,也要通过案例、小说、电影、课文融入我们的文化,成为我们的价值观。

经过一代又一代的行为习惯累积起来,才能成为我们的条件反射。

如果踹她一脚,让她不要侵扰司机,即使她受伤,我也不会受到任何惩罚。

不会因为她反手跟我厮打,就让我成为因为"琐事"引发互殴一方,甚至她反到成为被害人。

2.

只要对此我有一丝一毫的顾虑,我就会选择不动手。

就是每个人这一丝一毫的顾虑,让他们共同选择成为看客。

是这一车又一车的看客,让这一幕又一幕的悲剧连环上演。

这些顾虑不是他们天生的,它弥漫在我们的生活之中,让我们从小就浸淫其间。

从记事的时候我们就被教育，看着事要躲，不要强出头。

正当防卫的理念早就有了，只是刚在实践中落地。

而且还是极为特殊的情况，极为严重的后果。

其他的案件能这样定吗？

这是我们法律人的疑惑，也是公众的顾虑。

举个小例子，有一次和领导去郊区开会，领导开着车，坐在后边的一个女同事就聊起车载蓝牙的问题，引发领导的兴趣，就开始比画起来，因几次尝试不成功，就不时频频侧低着头，比较专注地研究。而此时我们正在山路上飞速地奔驰。我在副驾驶实在坐不住了，就和领导说：好好开车吧，别研究了。车内发出了尴尬的笑声。

很多年之后，同事还把这当作我敢说话的一个例证。

我心里想，我的命在他手里攥着，我还不能说句话吗？

就算以后给我小鞋穿，我也不能不要命啊。

为什么大家觉得这是一件很奇怪的事情？

因为我们习惯了保持沉默，即使我们正在滑向危险的边缘。

得罪领导和生命哪个更重要？

当然是生命更重要，但是生命的危险具有不确定性，车辆没有失控啊，我们没事啊。

但是车辆失控以后，还来得及吗？

车辆的失控有一个概率性的问题，确实不是每一辆公交车都掉入河中,不是每一次都发生了重大事故。

而我们听到的,了解到的,至少在我们的认知深处知道,管闲事几乎都是要倒霉的。

至少要惹很多的麻烦。

我们听说就是扶一个人过马路,都可能被碰瓷。邻居来家里闹,给邻居推出去,都要承担刑事责任。我们很少听说过什么正当防卫,我们看到的更多的是以结果论,我们怕有理也说不清。我们忍无可忍,还要一忍再忍。

我们怕卷入纠纷,陷入无尽的麻烦。

沉默不是我们自己选择的,也是一种被选择。

3.

正因此,冷漠成了一种文化基因被不断地继承。

这并不是一朝一夕可以改变的现实,它需要制度上的变革才能逐渐产生变化。

不是有几个正当防卫的案例,大家就敢出手了,是有了千百个正当防卫案例,以及支撑它的一系列制度安排,才可能有人敢出手。

有人敢出手,获得肯定,甚至获得鼓励,有些甚至得到传颂,演变为一种美德,一种英雄主义的文化,这种血性才能成为我们的条件反射。

秦国"民勇于公战，怯于私斗"，不是简单的提倡号召，它是商鞅变法多年累积的结果。

所谓好的法治就是给人一种好的确定性。

对于好的价值有着确定性的支持和鼓励，在是非面前不存在疑惑。

比如海难救助制度就是一条古老的海事法律原则，它的目的就是鼓励救助。有能力救助而不救助的还要承担责任。

因为在茫茫的大海上，看见了就意味着唯一的希望，基本不存在第二次机会。

你帮我、我帮你，就成为良性循环。

如果你不帮我，我也不帮你，就会成为恶性循环。

我们还知道，船长之于船员和乘客都有一定的准司法权，因为时间的原因不容许等到回陆地上再去解决。

在方向盘稳定性受到侵犯的一刹那，那辆车又何尝不是承载命运的一叶扁舟？

难道不是每个人都有义务去捍卫它吗？

我们维持建构了坚实的法律制度并一以贯之的执行没有？

我们培养了捍卫自己和他人基本权益是光荣而神圣的这种理念没有？

我们的文化，我们的影视作品，鼓励我们站出来，该出手时就出手了吗？

命运的时间窗口有长有短，如果足够长有等待的时间也就罢了，但我们谁又知道这命悬的一线能有多长，这种等待是否是一种必须?

这种本能的反应,既是法律,也是一种文化和价值观。

法律—文化—价值观,这一演化链条决定了今天现实生活的真实面貌。

就像对食物的烹饪、捣碎、剁碎,会导致牙齿、嘴巴、结肠、肠胃等变小,并给予大脑更多的能量。越来越复杂的工具和武器,会导致手、肩、手肘的结构变化,并影响到皮层和脊髓。狩猎、采集能力的提高,增加食物的供给,延长了人类的寿命,使长者的智慧有机会传播,而知识的增加,又要求对子女的投入越来越大,最终导致了家庭的产生。

最终我们成为今天的人类社会。

我们不是简单的基因遗传,而有赖于文化的传承和累积,从而在生物学意义上产生变化,并进而重塑我们的生理和心理构造。

法治建设其实就是我们有计划地实施社会心理建构,或者说是文化建设的基础。

法治其实就是制度性的文化结构和价值观。

但我们说的法治绝不是文本意义上的,它必须深入骨髓、融入血液,才能成为文化。

所谓法治的信仰,其实也是一种文化,是一种社会心理结构。

而只有这些才能决定我们当下的行为,成为我们的价值观,成为我们在一刹那间的条件反射。

不是我们选择了沉默,只是我们习惯了。

通往光明之路

近年来,一系列冤假错案的纠正成为法治建设的重要成果。他们的命运牵动亿万人心。他们的回归本身就代表着法治的成熟。但他们回归得不顺利,也代表着法治还有完善的空间。

法治并不仅仅是就事论事,就案论案,仅关注当下的问题。法治还必须考虑长远,所谓长治久安。不仅要解决孕育犯罪的土壤,还要铺就通往光明的道路,否则法治的效果就无法得到长久地保障,这也是说最好的社会政策才是最好的刑事政策的原因。不是每个"无罪归来"者出来都有企业可以经营,都有能力和渠道迅速融入这个变化的社会,很多人不具备这种适应能力和条件。前几年媒体就爆出,陈满、赵作海"无罪归来"又入骗局,所获得的国家赔偿消耗殆尽。

电影《肖申克的救赎》提出了"体制化"的概念,在监狱中待久了,所有的思维方式和行为习惯都按照监督的管理体制进行了重新塑造,并逐渐适应这种管理模式,一旦复归社会,需要进行自主选择的时候，就会变得无所适从，甚至上厕所都要想着打报告。这大概有三个层面的问题：第一层是心理调适问题，从一切由体制决定，到一切自己拿主意，有一个选择恐惧心理的克服问题。第二层是知识更新问题，不要工作，就是生活，从前互联网时代过渡到互联网时代，即使是从前微信时代过渡到微信时代都会有极大的不适应，离了手机几乎啥也干不了，但是又有谁会教他们用手机呢，谁又会把这个当作一个问题呢，但这就是他们的问题，而手机只是一个侧面。随着社会的发展，知识的增长是指数级的，只是我们身在其中浑然不觉，但是真的从零开始，那确实存在巨大的知识鸿沟。这实际上体现了社会复杂性的一种增加，你就想想我们接触的东西，学的东西，与现在小孩子解决的问题有多大的差别。就连我们自己也会感觉到孩子的压力很大，好在孩子的学习能力也得到一定程度上的代际传承，而且他们的精力非常旺盛，最重要的是整个社会都为他们建构起来一个巨大的学习体系，从幼儿园到大学，从家庭到课外辅导，从而确保他们能够跟上这个时代。但是刚从监狱出来的人，又有谁管？但问题是，他们的学习能力、学习精力甚至不如在校的学生，可以想见他们在社会的知识衔接上得有多么吃力。面对社会的这种复杂性，他们呈现了一种很弱的防御能力，也就是面对潜在风险的免疫力低，不具有识别骗局的能力和知识体系。当然这种低免疫力也不是他们所独有，很多老年被害人都或多或少存在这方面的问题。第三层是亲情融合问题。离开很多年，虽然不是自己的原因，但是内心对家人仍然存在愧疚，有些家人也有一种强烈的得到补充的意愿，这就形成一种补偿逆差。作为最需要补偿的、出来的人，反而要给外边的人补偿。当然有一个契机就是获得数量较大的补偿款，突然具备这种补偿能力，也是直接的诱发原因。当然在亲情的处理上，很难有绝对的对错。但是在毫无心理准备的"无罪人"面前，这一切来得很突然，也很难拿捏其中的分寸，因此很快就会被亲情的索取所包围，最后重新陷入窘境。

但是这一切能否避免，是否是一种不可逃避的宿命？需要法律人认真的研究。实际上，这不仅是陈满、赵作海这些"无罪归来"者的命运，更是犯罪人复归社会的囧途。但是要让他们真的"回归"，而不仅是"归来"，我们应该为他们铺就一条光明之路。一是心理辅导应当成为释放前的必修课。无论是刑满释放还是无罪释放，对他们来说都要面对一个陌生的社会，应该做好哪些心理准备，将要面对什么问题，都有什么解决方案，如何对自己定位，如何与家人和社会相处，社会的面貌和规则大概是一个什么样的状态，都要有心理上的辅导，也就是一种心理建设。二是建立中途之家作为回归者的大学校。事实上，监狱本身也会提供一些技能培训。但是一旦回归社会，与社会的接触将是全方位的，从手机等生活技能到找工作在社会上谋生都需要系统的知识辅导，可以说这是所"回归大学"，应该纳入整个刑事执行体系予以考虑。刑事执行不仅是约束与规则，更重要的是预防再犯,这需要整个执行期间的教育转化,但它的效果只有在犯罪人复归社会时才能够显现,而回归社会就是这个效果的临门一脚,能够真正融入社会,成为社会的建设者还是被社会弹回来成为"二进宫",这是一个关键的时刻,应该予以重视。确保刑罚的矫治效果延续长久,确保体制之间的衔接不存在缝隙,这种成本的支出要远远低于对惩治"二次犯罪"成本的支出,因此可以发挥事半功倍的预防效果。对于无罪之人,国家除了支付赔偿金之外,更有义务给予他们切实的教育、辅导,确保他们能够在社会上立足,因为这实际上也是国家对他的亏欠。这种亏欠除了金钱给付,复归帮助也可以说是一种知识和技能给付。也就是说给了他钱还要教他如何用,这也是一种国家责任。对于中途之家,国外都有很多成功的先例,对此我们可以予以充分借鉴,系统建构中途之家体系,并对无罪回归者予以特别关注,扶他上马再送一程。三是建立赔偿基金制度,保障对无罪人的赔偿能够细水长流。除了一次性给付之外,应该给无罪人一个选择。就向分红型保险一样,可以为无罪人经管这笔资金,定期给付一定的数额。防止无罪人在回归初期,缺少资金使用能力的时候,将资金很快消耗掉。也为亲情的补偿逆差找到一个挡箭牌,让国家帮着管。当然这是一种选择,事实上还应该给予更多的选择方式,确保无罪人在没有理财能力之前,帮他们一把。出来发生被骗的情况,事实上说明他们也希望寻找一种理财渠道,但是社会太过复杂,他们没有这种辨别能力。在中途之家，就应该提供可靠的理财选择，建立赔偿基金制度，让其没有后顾之忧。

通往光明之路，是用善意铺就的，更是用制度铺就的，只有通过它才能架起一道回归的金桥，这既是他们回归的金桥，也是我们包容和谐的金桥。

预防"被精神病"的制度性思考

修改后的《刑事诉讼法》将强制医疗程序的核心部分进行了司法化改造,形成了强制医疗特别刑事诉讼程序,即"司法强制医疗模式",目的在于通过司法化的方式预防"被精神病"的风险。

但是这种改造并不彻底,其中一部分严重程度低于刑事犯罪水平,或者说低于司法强制医疗适用标准的案件,根据《中华人民共和国精神卫生法》(以下简称《精神卫生法》)的规定,将被转为可以由公安机关强制送医,并由医疗机构单方面决定是否强制入院的"行政—医学强制医疗模式"。

《精神卫生法》第 28 条第 2 款规定:"疑似精神障碍患者发生伤害自身、危害他人安全的行为,或者有伤害自身、危害他人安全的危险的,其近亲属、所在单位、当地公安机关应当立即采取措施予以制止,并将其送往医疗机构进行精神障碍诊断。"这表明公安机关可以将一定情形下的"疑似精神障碍患者"

强制送医诊断。

《精神卫生法》第 30 条第 1 款规定精神障碍的住院治疗实行自愿原则，第 2 款规定了自愿治疗的例外，分别是"已经发生伤害自身的行为，或者有伤害自身的危险的"和"已经发生危害他人安全的行为，或者有危害他人安全的危险的"。根据该法第 31 条的规定，有自伤行为或者危险的住院治疗还需得到监护人的同意，监护人不同意的，仍然不能强制入院。但是如果有伤害他人的行为或者危险的，则可以强制住院治疗，此时精神障碍患者本人和监护人都没有否决权，决定权在医院。

这种双重模式并存的现状，容易产生司法程序和行政程序的选择性适用，即行政程序可能产生司法程序的"后门效应"，使强制医疗司法化的意义大打折扣，存在制度性风险。

首先，《精神卫生法》第 30 条第 2 款第（二）项的"已经发生危害他人安全的行为,或者有危害他人安全的危险的"与《刑事诉讼法》第 284 条的"实施暴力行为，危害公共安全或者严重危害公民人身安全"存在语义上的重叠，区分标准不清。

比如在中学校园里持械乱窜的行为，砸车的行为，因反抗制服行为而致警察轻微伤的行为等，目前这些案件在一些地方进入了"司法强制医疗模式"，而在另一些地方则被纳入"行政—医学强制医疗模式"。

其次，两种模式的效果具有同质性。二者都能产生约束和治疗的效果，即将精神病人控制起来，并针对病症进行治疗。

虽然经历的程序不同，但最后的结果是一样的，对于当事人和公众来说几乎看不出二者的本质差别。

最后，两种模式在程序上的不同，为选择适用提供了制度性诱因。"行政—医学强制医疗模式"在程序上有别于《刑事诉讼法》规定的"司法强制医疗模式"。

如在"行政—医学强制医疗模式"中，公安机关可以一家完成启动、送医的过程，无须检察机关的审查，但在"司法强制医疗模式"中，公安机关必须首先将涉案精神病人移送检察机关审查，由检察机关决定是否向法院提出申请，公安机关无权直接向法院提出申请。

在"行政—医学强制医疗模式"中，是否做出强制入院的决定，由医院一家决定，当事人并无诉讼救济的途径，虽然当事人可以申请复诊和重新鉴定，也仍然仅是在医学范围内判断，司法机关无权介入，当事人更没有聘请律师的权利。

《精神卫生法》第32条规定："患者或者其监护人对需要住院治疗的诊断结论有异议，不同意对患者实施住院治疗的，可以要求再次诊断和鉴定。"但是，根据该法第35条第2款的规定，如果复诊和重新鉴定的结论仍然是精神障碍，就要被强制入院治疗，且在复诊和重新鉴定期间，强制住院的状态不会解除。

在"司法强制医疗模式"中，法院需要对当事人违法行为本身和继续危害社会的可能性这两个要件作出判断，而"行政—

医学强制医疗模式"中，如果"已经发生危害他人安全的行为"，则无须再对精神病人的继续危害可能性进行判断，而如果"有危害他人安全的危险的"，则无须对其实害行为进行判断，即仅判断一个要件即可。

"司法强制医疗模式"中需要对相关证据进行举证质证，在"行政—医学强制医疗模式"中所有的证据只是供医生诊断参考，没有举证质证的过程，是一个封闭的认定环节，当事人及其家属无权介入。

由于"行政—医学强制医疗模式"程序的透明度较低，当事人的权利无法得到可靠保障。显然，"行政—医学强制医疗模式"相比于"司法强制医疗模式"要简易得多，更易为执法者所青睐，在标准模糊不清地带，难免被优先选择适用。

笔者认为应将"司法强制医疗模式"与"行政—医学强制医疗模式"合二为一，这是彻底完成强制医疗程序司法化的必然选择。这可以分为两个方面：

1. 对强制医疗的适用标准进行一体化改造

目前，强制医疗采用的是双重标准，"司法强制医疗模式"是参照刑法标准设计的，"行政—医学强制医疗模式"较之略低，但两者却不易明确区分，存在模糊地带，这不符合与罪刑法定原则相匹配的保安处分法定原则的要求。

司法强制医疗和行政—医学强制医疗不像刑罚和行政处罚那样可以进行定量区分，如限制自由的时间长度、财产性处罚的数额等，而是具有天然的一体性。强制医疗就是约束与治疗，无论哪种模式，都以治愈为目标，具有同样的不定期性，因此强制医疗应当确定统一的标准，以此来取代《刑事诉讼法》与《精神卫生法》模糊的双重标准。

统一标准的设定，存在两种方案，但都有一定的缺陷，即如果统一到目前的"司法强制医疗模式"标准，必然整体拉高强制医疗标准，从而一定程度上限制对肇事精神病人的预防功能。

而统一到目前的"行政—医学强制医疗模式"标准，那些没有明显违法行为，只有行为倾向的精神病人就会增加被推定为"有危害他人安全的危险的"可能，容易导致强制医疗的扩大化，增加"被精神病"的危险。

建议在两个标准之间折中处理，比如参照《日本改正刑法草案》。

《日本改正刑法草案》第98条规定："因精神障碍而没有第十六条第一项（责任能力）所规定的能力或者能力明显减低的人，实施了符合禁锢以上刑罚的行为，如果不加以治疗和看护将来可能再次实施符合禁锢以上刑罚的行为，在保安上认为有必要时，可以作出附治疗处分旨意的宣告。"[1]

---

① 参见《日本刑法典》，张明楷译，142页，北京：法律出版社，2006。

可以考虑将目前的标准确定为：**实施了有可能判处有期徒刑以上刑罚的行为，且不加治疗和看护将来可能再次实施判处有期徒刑以上刑罚的行为。**

这较之"实施暴力行为，危害公共安全或者严重危害公民人身安全"的范围要宽些，适当兼顾了一些"行政—医学强制医疗模式"标准的行为，总体上更为明确，增强了可操作性。

2. 对强制医疗的适用程序应进行一体化改造

标准只是一种要求，关键还需要程序加以保障，因此对强制医疗程序的改造才是制度设计的核心。

如前所述，强制医疗程序之所以会产生"后门效应"，主要在于"行政—医学强制医疗模式"和"司法强制医疗模式"的差异性，一个如挂号看病般简单易行，一个需要层层把关、开庭审判，但二者效果却相同，而两个标准又有重叠，界限模糊，这就必然导致对程序的选择性适用。

对强制医疗程序的改造就是要解决这一制度性漏洞。而改造的核心就是程序的一体化，变双重模式为一重模式。

由于司法化模式具有更强的透明性和公正性，更有利于人权保障，因此程序一体化的改造方案应当是统一到"司法化强制医疗模式"上来，但是"行政—医学强制医疗模式"的某些优势也仍然具有借鉴意义。

比如更多发挥专业人士的作用,即可以在一体化的程序中,要求在公检法的各个环节都要听取专业人士的意见,并将鉴定人出庭作为强制医疗庭审的必经环节。

当然,这样设计从总体上看可能会影响强制医疗案件的效率,但这类案件不仅涉及公民的重大利益,而且由于当事人的特殊性,其自身权利更加难以保障,更具脆弱性,这一点又类似于未成年人,因此在保障力度上实有必要更加注重公正。

综上,一体化的程序改造措施应该是废除"医学—行政强制医疗模式",将其合理内核统一纳入"司法强制医疗模式"之中,在《精神卫生法》中只允许保留自愿治疗模式,将强制医疗内容统一收归刑事法律进行调整,从而在制度层面进一步避免"被精神病"的风险。这也体现了一种制度理性。

办案系统是司法改革的最后一公里

办案系统其实是一套活的法律,其决定着案件的类型、流程、文书格式以及办案人的权限和职责,是诉讼法律和规则在实践中的具体执行方式。因为刚性,所以强制。

办案系统也是一套司法运行机制,所有的机构、组织、人员都是通过其权限划分、有机搭配、轮案分案而产生关联和运转。虽然虚拟,但更加实际。

如果说电子商务几乎逐渐演化为商务本身,那近十几年来随着信息化对司法机关的不断渗入、融合,信息化的组织方式几乎也成为司法机关的组织方式本身。这一趋势在未来只能不断加强。

正因此,我们探讨办案系统的完善,几乎就是在讨论司法改革或者司法体制本身。

只有通过信息化才能打通司法改革的最后一公里,才能使司法改革真正落地,因为它就是司法体制运行本身,司法运行方式正在算法化，在整个世界都在算法的过程中，这也没有什么特别。

当然人对司法的实质判断还很难被算法化，比如对案件的审查、出庭公诉和庭审工作，这些涉及对案件的实体处理，需要人的综合判断，目前人工智能还远远无法实现。

但是所有与流程相关的组织方式和运行方式都可能逐步算法化。也就是说算法解决的是过程问题，算法目前还不能解决实质问题。

所谓算法也就是信息化规则的语言，也自有其逻辑，体现的是一种互联网思维而不是行政化体制的投影，更不是机械化管理，否则就会消损现有的司法改革成果。

理念很先进、制度有创新，但是真正运行的信息化程序流程因为其隐于幕后的底层算法，因为其琐碎、具体、技术化，很难为决策层所关注和理解，就算及时了解也很难据此得窥全豹。就像大家诟病滴滴、百度的问题，其实只是算法产生的结果，但很难了解算法本身和算法产生问题的根源。

算法其实只是一种思维工具，就如同机械可以扩大人力不及的范围，算法可以扩展精力不及的范围，按照既定的程序无休无止地运转、统计、链接产生了庞大无边的虚拟网络和海量的数据，算法本身没有独立的价值观，算法是人的价值观的反映。算法的实际效果，实际上是决策层、设计层和编写层三个层面完成的，就像城市建设中的规划、设计与施工三个层面的关系。

不同的是系统的问题更加隐蔽，不像建筑结构那样直观可见，也不会轰然崩塌，但是它会不断影响案件的质量和效率，会蚕食有限的办案精力，压制创造性的思维。这其中，设计层面是承上启下最为关键的环节，能够将决策意图完整实现，还是新瓶装上旧酒，很容易隐技术于无形，短期难以察觉，长期又积重难返。由于系统建设与城市建设一样，都有一个既成性问题，即使错了，短期内很难改变，纠错成本太高，只能将就，正因此，设计的科学性应该在建设之初就予以充分的研究。具体有三点思路：

1. 结构性

办案系统是服务于办案还是服务于管理，这是结构性问题。更为根本的问题是管理到底是为了管理而管理，还是为了办案而管理，这就是系统设计背后的价值观。

办案与管理很多时候并不矛盾，管理是为了更好地办案，确保办案质量。但是，如果以管理的名义，一味增加案卡、文书和流程数量，没有充分考虑不同流程的不同特点，设置一些不尽合理的提示程序，对于一些应该保障办案需求流转的程序却不设置，那这样的管理职能是僵化的。

以案卡为例，有必填项和非必填项，非必填项也就是可以填可以不填，大量的非必填项存在有人填写有人不填写的问题，那样统计的结果必然是不准确的。而且设置了再多的非必填项也无法满足不断更新的工作需求,到头来还是想查的查不到。

与其如此,为什么不能在适当扩充必填项、保障基础数据需求之上,从根本上废除非必填项,而代之以在全文本上进行模糊查询,并优化高级查询功能呢?就像知网或者搜索引擎一样,可以满足多样化的查询需求,同时极大降低机械性的办案负担。

再比如,案件流程的设置上,目前公诉领域有二十多个办案流程,审查逮捕领域也有十多个办案流程,每一个流程就是所谓的一类案件,这些案件很多时候只是整个办案环节的一个片段,但是只要有一个流程,就要受理、办理,撰写不少的文书和案卡,当然也有相应的归档。

如果能够根据捕诉一体等检察改革的新要求,对这些流程进行大量的合并精简,既能减轻相当一部分重复的工作负担,又可以减少不少工作量,比如整合审查报告和告权文书。

当然还涉及文书格式、案号、文号和归档要求的配套性衔接,从这些衔接内容来看,对系统的简化将产生办案工作全流程的简化作用。

做减法、给办案人员减负应当成为办案系统完善的基本理念,这些丝毫不会减弱管理,而由机械化的管理方式转变为人性化管理,通过加强大数据和信息化的方式,提升管理的水平,让办案人员少打字,让系统多算数,将有限的办案精力节约下来,对办案实质问题多思考，将办案质量和效果提高到更高水准。

输出高质量的检察产品才是管理追求的终极目标。

2. 开放性

作为办案系统当然具有一定的系统性，这是信息化天然的基因。但是，如果缺乏开放的思维，那就只是现实管理的信息化投影，无非是把现实的办案流程简单地搬到了网上，只是简单地实现了无纸化，这不是信息化的真正意义。

信息化的真正意义是用互联网的思维转变管理的模式，扩展管理边界，通过大数据提升管理的层次，隐于无形但又无孔不入；实现信息的交互、互联和共享，通过互联互通实现信息价值升级，通过数据的纽带扩展人的连接，通过激励机制实现可持续的经验累积，通过相互砥砺、分享促进办案能力的普遍提升；减少机械性劳动负荷，将精力真正引向更具创造性的办案实践，全面提升办案质效。

有些地区已经开始尝试，公检法的信息互联互通，可以实现电子卷宗的流转，这目前是一个趋势，即通过信息化将整个诉讼流程整合起来，实现案件与案件的链接。

但这基本是PC端的阶段，满足了案头工作的需要。现实工作中，很多司法人员都需要走出去，需要在移动中处理案件工作，尤其侦查人员更是如此。除了案件与案件的链接之外，在移动互联网的时代,人与人之间的互联更加重要。

比如北京市房山区院就设计了一款检警APP,尝试将当地的检察人员和侦查人员连接起来。侦查人员渴望获得更为周到、细致、全面的法律指导,检察官需要更为具体、可行、个别化的证据指引,两者可谓一拍即合,只是缺少一个多边交流的平台。

很多年轻的检察官和侦查人员都面临人脉有限的尴尬局面,而且由于日常任务繁重,很多侦查人员和检察官的行踪带有不确定性、时间被碎片化,有必要将这些资源通过移动信息技术加以整合,形成检警合作的移动客户端,形成微观的交互平台。

可以向陌生的、不特定的同行求教,形成检检、检警、警警多维度的互动,扩展每一个检察官和侦查人员在业务领域的接触面,自发形成若干业务研究沟通的群落,从行政命令性的管理模式向自发沟通合作的自组织模式转变。

在这个日益热络的检警交互平台上,官方也可以及时发布重要的案例参考、规范意见、业务知识点以及培训视频供每个检察官和侦查人员自愿学习,每一个检察官和侦查人员也可以将自己掌握的知识与同行分享,通过某种积分等激励机制对分享和交流行为予以适当鼓励(而不是强制),可以更好地调动基层干警的参与热情。

至于安全性的问题,可以通过有效的身份识别等予以解决。检警APP将打通检警系统日常沟通渠道,实现检警个体之间跨地域、跨领域、跨类别的双边或多边深度交往。

利用碎片时间，搭建专业互动问答社区，发挥检察官和侦查人员不同领域和知识结构的比较优势，实现优势互补，将官方发布与干警个性互动相结合，实现检警资源的深度整合，以小合作为大合作奠定基础，通过潜移默化的整合，检警理念才能达到深度融合，证据标准、法律观念的认识才能生根发芽，从微观到宏观真正做强大控方。

这样，办案系统就不再是案件处理的封闭性平台，不仅将案件与案件链接起来，还成为司法人员互联的平台，通过相互交流具体而微观地传递了办案标准，提升了办案能力，不仅通过案件的流转传递法治信号，还通过司法人员的人际交流，统一了司法观念。

3. 成长性

办案系统是一个基础性工程，应该着眼于长远，但是随着时代发展和工作需要不断完善将是一项常态化的工作。

但以往的修改完善，往往是一种行政化的工作方式，四级院逐级上报，最终能够获得的需要修改的建议必然经历逐渐衰减的过程。

由于修改的行政成本过高，修改完善的概率不大，很多办案人员也就选择了忍耐和等待，提出合理化建议的积极性也必然受到影响。

而系统修改本身就是一个专业性的工作,应该形成一种专业化的组织方式,比如就叫办案系统完善委员会,可以在全国检察业务专家、各类优秀检察官中选择100名作为第一批的委员。

只要修改建议获得完善委员会半数人员同意的,就可以由高检院办案系统的主管部门启动办案系统的修改前置程序,即形成正式修改方案征求相关业务厅同意,待同意之后就可以正式启动修改。实现了办案系统修改完善机制的扁平化,使真正有价值的完善需求直达最高层,并能够得到专业性的审查判断。

这些完善委员会的委员本身就是检察业务的专家,本身也是最好的修改完善者,在行使权力的同时也会要求每个委员每年至少提出一个获得通过的合理化建议,确保其积极履职。如果委员不能完成任务,应该有一个人才的自动替补机制,使系统修改权始终掌握在最优秀也最有意愿的人手中。

对此,可以借鉴吸收目前的检答网和北京市院的出庭能力培养平台的工作方式,将那些积极在系统上分享积累经验,积分排名靠前的检察人员递补。这是系统一种自我进化的机制,能够及时地、源源不断地满足办案一线的需求,根据需求不断完善,从而延续系统生命力。

在系统进化的同时,使用系统的办案人员也可以通过一系列激励机制实现能力的迭代进化,从而实现整个检察机关办案能力和执法公信力的不断提升。

以出庭能力培养平台为例，该系统集出庭信息采集发布、出庭观摩预约、出庭情况网上点评、出庭问题和经验汇总、出庭经验值排名、出庭大数据分析、优公评选分值参考等功能于一体。就是通过自主发布庭审信息、自我预约观摩、相互评价庭审效果、分享庭审心得、汇集出庭经验形成出庭百科，实现自发组织。

通过设立点评专家、百科编辑等角色并自动淘汰更新，打造荣誉体系激发公诉人的内在自豪感，设计信用算法确保经验值累计的真实性，实现自主管理。

通过经验值的动态排名引入竞争机制，通过设置二次评价、丰富评价维度保障评价客观公正，多维度反映个人出庭经验成长情况对出庭能力发展进程有效管理，通过线上和线下的交流实现出庭经验的深度分享，实现自我迭代，最终实现公诉人出庭能力和综合素质的进化。

总之，就是通过信息化的方式打造一种自我激励机制，增强公诉人的竞争意识，促进检察队伍整体水平的提高，并创造一种更加公平广泛的人才发现机制。

就像检答网一样，这是办案系统发展的另一种维度，信息化不仅是代替人更是鞭策人，这是一种能力驱动型的信息化系统。

上线一年半，在出庭能力培养信息化平台上，全市共发布观摩庭三千余场，上万人次预约旁听，发布出庭百科 3 600 余条。

在系统上线前，全市每年只能举行一百场左右的观摩庭，出庭能力培养信息化平台上线后，已经实现了量级上的飞跃，每年达到两千场的规模，即全部出庭案件的十分之一左右。

出观摩庭、旁听观摩庭已经由个别化向日常化转变。这主要是通过大数据的方式颠覆了传统的出庭能力培养模式，极大地降低了组织观摩庭以及旁听预约的成本。

通过检答网解答疑难问题、撰写案例，通过出庭能力培养平台出庭、观摩、撰写出庭百科，办案经验自然得以积累，并以积分、排名的方式衡量经验增长程度，形成一种良性竞争机制，激发办案人员的荣誉感，调动、提升办案能力的热情使办案系统不仅成为简单的办案工具，还使其成为能力提升的工具，甚至通过互联互通成为公检法共同的能力提升平台，进而形成一种更加公平广泛的人才培养发现的工作机制。

办案系统不仅是活的办案规则，也是一种生态，需要保有开放、包容的心态，实现从案件到人再到系统的自我进化和完善。

解决民事公益诉讼级别管辖的"一刀切"问题

根据相关司法解释,单独提起的民事公益诉讼的级别管辖门槛采用"一刀切",均由中级人民法院管辖。而行政公益诉讼可以由基层人民法院管辖,如果民事公益诉讼案件的损害行为达到刑罚评价标准需要追究刑事责任的,则作为刑事附带民事公益诉讼,由审理刑事案件的法院一并管辖,事实上绝大多数均为基层法院管辖。说民事公益诉讼案件具有涉众型案件属性的,由中级法院管辖,但是更加具有涉众型属性的非法吸收公众存款案件基本均由基层法院管辖。由此可见,民事公益诉讼的级别管辖设计与一般的诉讼规律存在一定的不协调,有必要加以探讨。

1. 分层级管辖

从三大诉讼法的级别管辖设计规律来看,均采用了分层级设计的方式，根据案件复杂程度分别由四级法院进行管辖。没有任何一种案件限定仅由一个审判级别进行管辖，这也符合司法资源的经济学原理，对更重要、更重大的案件投入更多的司法资源。这些案件显然呈现出金字塔的样态，基层最多，向上逐级减少。这一原理并不是刑事诉讼所独有的，民事诉讼和行政诉讼也是相同的。尤其是民商事案审级划分更细，根据一定的诉讼数额，基层、中级、高级三个层级的法院都有明确的受理标准，以中级法院为例区分不同地域诉讼标的额的起点从上亿到数千万不等。当然诉讼标的额不是确定级别管辖的唯一标准，可以有其他的标准。但不管怎样，都应该有一定划分的标准，而不应该适用一刀切的方式。比如民事公益诉讼的诉讼标的额超过高级人民法院管辖的标准，是否应当由高级人民法院管辖？相反，如果诉讼标的额没有达到中级人民法院管辖的标准，同时其影响甚至也没有超过县域范围，那为什么一定要由中级人民法院管辖？一概由中级人民法院管辖的规定，在公益诉讼试点阶段可能还具有一定的尝试性意义。但是在公益诉讼已经正式纳入立法之后，应该遵循一般的诉讼规律，对审级问题进行调整。

2. 效率与公正

级别管辖的本质是确保效率与公正的平衡，审级越高权威性越强，越有利于统一司法标准，也更便于破除地方保护，更有利于司法公正，但是同时也意味着耗费了更多的司法资源。而且上级法院还要承担二审职能，承担司法救济的功能。如果将案件都拥挤到更高审级的法院，必将冲击其更为重要的司法职能，影响整体的诉讼效率。虽然公益诉讼代表着不特定多数人的共同利益，但每起案件的影响范围均存在差别，损害大小也不同，并非都与数千万乃至上亿的诉讼标的相当，有些影响的范围也未必超过本县辖区，那这些案件只能由中级人民法院审理的意义何在？事实上，更为严重的民事公益诉讼案件，由于同时还造成了刑事后果，就可以在基层人民法院审理。既然更重的案件都可以在基层审理，那么单独提起的公益诉讼更没有理由一定在中级法院审理。产生的结果就是人为提升了级别管辖门槛，增加提起公益诉讼的难度，不利于公益诉讼的开展，不利于公共利益的保护。在刑事附带民事公益诉讼还没有明确由基层法院管辖的时候，刑事检察部门发现存在公益诉讼线索的，需要移送上级检察机关单独提起民事公益诉讼，造成了一个案件刑事部分在基层法院审、民事公益诉讼部分在中级人民法院审的怪现状，严重浪费司法资源和司法成本。现在司法解释虽然解决了刑事附带民事公益诉讼的一并审理问题，但与之相对比，单独提起的民事公益诉讼一律由中级法院管辖问题就显得更加的不协调，有必要根据诉讼的一般规律，参考诉讼标的数额、影响范围等因素进行适当的区分处理。

3. 立法与司法解释的关系问题

事实上，关于民事公益诉讼一律由中级人民法院管辖的问题并没有民事诉讼法上的直接依据。民事诉讼法仅规定：重大涉外案件；在本辖区有重大影响的案件；最高人民法院确定由中级人民法院管辖的案件等三种情形由中级人民法院管辖，除了民事诉讼法有特别规定的，一审民事案件均由基层人民法院管辖。显然，民事公益诉讼案件并未均具有中级法院辖区的重大影响，同样也不能排除此类案件可能产生在高级法院辖区乃至全国范围内的重大影响，因此仅确定为中级人民法院审理显然是不合适的。当然，立法也同时赋予了最高人民法院一定的机动权，这也是最高人民法院通过司法解释确定一些级别管辖的立法授权。但是从以往的司法解释看，这种单独确定也要遵循层级管辖的一般规律，精细化地对级别管辖进行适当的区分，从而保证公正与效率的平衡。由此看来，即使最高人民法院在行使级别管辖的特别确定权时，也应当遵循民事诉讼法级别管辖划分的一般立法原则，这一立法原则也是三大诉讼法所共同遵循的一般诉讼规律。

为了充分保护公共利益，有效惩治侵犯民生民利的侵权行为，有必要将民事公益诉讼"一刀切"式的级别管辖方式，调整为分层级的常规化级别管辖原则，保障公益诉讼依法公正有效地运行。

智慧公诉之未来

今年,好像应该是科技司法元年。

这也不奇怪,因为人工智能即将迎来爆发期,我们也是跟上世界潮流了,难怪《未来简史》中文版出得这么快。

人工智能之于司法就是一个大风口。

雷军说:只要站在风口,猪也能飞起来。

难怪很多奇奇怪怪的人也在谈司法现代化,各种大数据,各种智能,各种术语,拿出各种炫酷图表,各种看不懂……

但很容易把领导说蒙了。

在以审判为中心和转隶的双重背景下,公诉具有核心重要性,用人工智能给公诉加把力是好事,但重要的是力不能用偏了。

风要起了,避免以后的凌乱,有必要说几句:

第一,智慧公诉的核心不是数据而是人。

不要忘了,人才是互联网的第一维度。这里的人,是每个人,至少是大多数人,而不是个别人。当你拿出各种数据说有用的时候，不要忘了你在说对谁有用。如果互联网只是服务领导决策的工具，那它永远做不大。

智慧公诉是为了节省人力，而不是费力、吃力，否则就是浪费检力，必须从服务的角度考虑问题。

智慧公诉的背后是逻辑。必须先想清楚，才能干明白。必须有完整的解决方案，切忌盲目上马，司法现代化要避免搞形象工程，否则同样是劳民伤财。

智慧公诉最核心的驱动力其实是人性。真可谓顺之者昌，逆之者亡。智慧公诉不仅是借用人工智能，更是要激发人的创造性。这种创造性是人工智能短期不能替代的，也是司法最为需要的。而这种创造性是强迫不来的，也是无法通过行政命令获取的，只能从正面激发人的荣誉感和潜能才能得到，其实这正是人类作为万物灵长的原因。肉体虽然可以被驱使，精神也可能受到强制，但是智慧从来不会委身于人。

智慧公诉的目标应该是人的提升。很多算法路径是为了实现傻瓜系统，力图打造一键公诉什么的。什么审查报告、起诉书自动生成，证据材料自动审查判断或者参考……有些是不错的，可以省却一些重复劳动。但是这隐藏了两个可怕的隐患：一是算法错误怎么办；二是就算算法错了你也不知道怎么错的——即使是概率性的，比如说60%的相似案件都起诉了。但是我们不禁要问，这个相似度有多大，如何判断？这个数据样本的采集是否具备代表性和科学性，由谁判断？如果我们盲目相信数据，就很容易被带进沟里。当我们去掉案件的细节而进行归类的时候，我们也去掉了案件的语境。靠人不如靠己，在利用辅助办案系统的时候，你要进一步提升自己的办案能力和识别能力，才能判断出哪些是人工智能的误差，否则这个误差就会转变为冤假错案，而且可能是批量的。这样是不是更累？但是相比于省掉的重复劳动，还好吧。只是我们必须牢记一点，在机器进化的同时我们要先行加速进化，否则就会从依赖机器变成机器的奴隶。也正因此，开发办案辅助型系统的同时，也要加速开发能力驱动型的系统，比如出庭管理系统。（参见：法律读库的"出庭大数据"系列文章）

大数据不是万能的，不要过高估计人工智能的能力，不要拜数据教。目前的人工智能还处于较低水平，远没有实现对自然语言的真正理解，更不要说司法应用。司法不仅要理解法，还要理解人。司法不是机械的法律要件适配，三段论判断，它需要对现实生活的深刻洞察和人性的深度理解，才能做出符合法律精神的判断。大数据能够比较类似的案例，但是它一定会滤掉那些不相似的、看似不重要的细节，而它们恰恰有可能至关重要。算法毕竟是人算出来的，算法设计者的局限性就是这个系统的局限性。而同时兼备丰富司法经验和高超技术研发能力的人几乎没有，如果两类人互相配合，同样可能会发生沟通、理解上的差异，因此系统很难完美，人工智能自我学习能力也有限。因此，不要不着边际地提出系统开发需求，看起来高大上的系统可能存在非常严重的隐患。这个隐患由于带有技术性，因而有很大的迷惑性，很难为外行察觉，但是结果将是灾难性的。

第二，智慧公诉需要行政谦抑。

智慧公诉首先需要政治智慧，或者说行政智慧。目前说的去行政化，不是无行政化，更不是无政府主义。去行政化的意思，是要司法机关遵循司法规律，淡化行政管理色彩。但也不是完全不要管理，而是依据司法规律进行管理，不是传统意义上的行政命令。智慧公诉同样要坚持去行政化的改革路线不动摇，智慧公诉不是通过信息化平台加强行政管理，而是通过信息化平台进一步去行政化，坚持行政谦抑原则。信息化天然就具有扁平化、交互式的特点，有利于去行政化，但同时信息化也有刚性强、无孔不入的特点，用于去行政化就会进一步增强司法属性，用于行政化反而可能成为更加牢固的无形枷锁。好比一个系统搞那么多必填项，多个系统重复填录互不交互，严重增加了公诉人的负担，而建造系统的人可能早就忘了这回事，但是系统永远都在那里，系统存在一天，公诉人一天得不到解脱。

设计系统应该从底层需求出发，考虑什么是公诉人的真正需求。就像我们要发朋友圈，而且还不累，这是因为有社交需求。公诉人之间是不是也有这种社交需求，公诉人是否也关注其他同行对自己的评价，公诉人是否愿意相互分享自己的出庭经验，公诉人是否愿意成为一个出庭能手，公诉人的每一次出庭观摩、旁听庭审、分享出庭经验是否能够被记录，其付出的努力能否被计量并累积,成为在同行中排名的依据……这些需求发之底层,值得关注。

智慧公诉有利于实现司法管理的自组织。自组织不是放任自流,这就像有了班委会并不是不要班主任,只是管理的分工不同而已。对于一个尽职尽责的班委会来说,老师可以尽量少管或者不管,对于有智慧的班主任来说主要就是通过旁敲侧击,或者调动班委会的热情进行管理,更进一步可以通过设计班委会的产生方式,适当调整人员,营造班级积极向上的氛围等方式实现,这就是自组织。大学的学生会自组织程度更高一些。去行政化需要司法管理的自组织。检察官办案组内部就是一种自组织形态,检察官之间相互帮助也是一种自组织形态。出庭管理系统使得公诉人在更大范围内实现了自组织,在全市或者更大范围内可以相互预约庭审,打破了地域和行政界限,实现了一个大范围内的多边相互交流和相互评价。由资深公诉人担任点评专家,承担点评任务,自主开展点评工作,自主引导点评方向,如果不能完成点评任务,自动解除点评专家资格,由排名靠前的公诉检察官替代,也是一种自组织。由排名靠前的公诉人担任出庭百科编辑,并定期对编辑进行投票,体现编辑公信度,由这些编辑自主对出庭经验进行分类删减,确保出庭百科的权威性,也是一种自组织。根据出庭、观摩、点评、百科撰写等各种经验值得分形成的公诉人排名榜单,动态显示公诉人当下的出庭经验累积情况,为每一次进步进行计量,即时反映进步和差距，全面展现本人出庭历史评价情况和各项出庭素能分值，将实现公诉人对自我成长的管理。这种自我组织、自我管理、自我迭代的自组织模式，不仅可以省却大量的行政管理成本，还能够收获远高于行政管理所可能获得的能力成长，何乐而不为？

第三，智慧公诉是谁的未来？

智慧公诉是有智慧的人的未来。地缘优势将逐渐被模式优势取代。先不说北京，我的故乡"辽老大"，曾经的共和国长子，享有最丰富的矿产资源、工业基础、交通设施、产业工人队伍，甚至大学教育体系和地缘战略位置，今天怎么样？GDP 都不知道跌到哪里去了。对这一点，北京的同志先不要笑。现在是模式创新的时代，不进则退，智慧公诉只是一种模式创新的表现，谁将获得模式创新的战略制高点，谁就能抢先获得未来。

马化腾说，微信让腾讯获得了移动互联网的一张站台票。

谁能拿到智慧公诉的站台票？

这要看你对智慧公诉的理解。

智慧公诉绝不是公诉一家的智慧，它需要整合资源，尤其是侦查机关的力量。有必要通过建立检警移动数据共享平台，实现检警关系纵深发展，从宏观到微观做强大控方。应该研发检警 APP 移送信息平台端口，打通检警系统日常沟通渠道，实现检警个体之间跨地域、跨领域、跨类别的双边或多边深度交往。搭建专业互动问答社区，发挥检察官和侦查人员不同领域和知识结构的比较优势，实现优势互补，将官方发布与干警个性互动相结合，实现检警资源的深度整合。

　　智慧公诉不能狭义地理解公诉的内涵，在检察职能面临重大调整的背景下有必要将公益诉讼注入其中，寻找新的战略增长点，实现公益诉讼与指控犯罪的双轮驱动，以诉权为核心实现检察职能的整合，以公众需求为导向进一步推进检察专业化，并通过公益诉讼信息平台整合社会治理资源。通过向普通民众广泛收集公益诉讼线索，研发公益诉讼APP等移动端口，动态收集文字、图片、视频等公益诉讼证据，调动人民群众维护公益的积极性。整合民间公益组织、公益律师团队、热心专业人士，共同研究公益诉讼证据整理分拣标准，制定公益诉讼线索分级标准，并参与个案评估，确定优先处理顺序。组织公益志愿者参与公益信息平台共建，共同参与平台维护和在线公益诉讼问题解答工作，打造公益诉讼的研究中心和咨询中心。重要公益诉讼案件邀请公益专家参与论证，吸收社会热心专业人士共同参与相关工作，形成以检察为核心、以信息化平台为纽带、多方参与有序组织的多层次公益诉讼组织格局，引导公众对社会问题的正面表达和依法救济。

　　智慧公诉不仅是科技驱动公诉，更是创新驱动公诉，更是科学思维驱动公诉，是模式化的升级，而不仅仅是科技外挂。智慧从来都是哲学意义上的启迪，是发人深省的洞见，是仰望星空的沉思，关乎技术，更关乎内心。

生物多样性与城市多样性

收快递的小卖店关了,感觉很不方便。快递没人收了,着急买点小东西也要走好远。

城市其实也是生态,也有一个多样性的问题,有百业才兴旺。

为什么我们要强调生物多样性,而不是简单分为有用和无用,有益和无益?

因为文明的发展让我们懂得不要轻易定标准,不要轻易贴标签。

因为每一次判断都是以我们自己为基准、为圆心的一次划定。

而我们并不是上帝。

我们学会了谦卑。

纵然不了解、不喜欢,也不急于消灭。

反而要更加珍惜每一个生物的独特性,对于特别珍惜的我们还要加倍保护。

因为如果没了,就彻底没了。

我们甚至来不及认识。

水至清则无鱼。

我们知道肠道里也很多益生菌,帮助我们消化,如果把它们都杀了,我们也就没法进行消化。

它们是细菌,但它们也是伙伴。

抗生素的滥用已经让我们吃到苦头。

曾经我们以为狼是有害的,要尽量地消灭它们,所以才有《狼图腾》的故事,然而打破生态平衡的恶果我们品尝过。所谓"四害",大抵如此。

早期移民到美洲的智人很厉害,干掉了几乎所有的大型哺乳动物,结果没有可以驯化的畜力,阻碍了农业文明的进化。

我们到底为什么要保持多样性?

我们就是要保证进化拥有更多的可能性。

阿里、腾讯这些互联网巨头没有一家是人为规划的产物。

没有人可以预知未来发展的方向。

我们在要求整齐划一、中规中矩的时候,可能就是在扼杀某种极为有价值的进化方向,而它们是如此的卑微,可能被我们轻易地抹掉。

1. 多样性是为了变得更好

蒂姆·哈福德在《混乱——如何成为混乱时代的掌控者》

中引用了科学家斯科特·佩奇出版的新书《分歧》的内容,佩奇发现在解决问题的过程中,"多样性比个人能力更重要"。打个比方,如果一个团队已经有四位杰出的统计学家在研究一项政策,那么哪怕一位水平一般的社会学家或经济学家的加入都比再来一位统计学家有帮助。好比想提高自己的网球球技,最好请一位教练、一位营养师和一位健身教练,而不是一下子找三位网球教练。佩奇补充说:"很多实证数据都表明,一个城市的多样性决定了这个城市的生产力,一个董事会的多样性决定了董事会决策的水平,一家公司的多样性决定了这家公司的创造力。"

是的,从职业分工、服饰特点、建筑样式、交通环境、经济种类、文化艺术各个方面而言,我们都比几十年前复杂很多,甚至混乱很多,但没有人会认为现在不如过去。

即使面对拥挤的车站和交通、雾霾以及一切生活的不如意,我们也不愿回到过去。

我们要学会习惯日益增加的复杂性。

因为这就是进化的过程本身。

进化的方向就是复杂性日益增加的过程,而不是相反。

我们不是要静态地整齐划一,而是要在多样变动中把握其中的规律,保持城市生态的动态平衡。

我们离不开小商小贩,我们离不开快递小哥,不仅仅因为我们也不知道哪个卖电脑的会成为刘强东、哪个推销员会成为马云,更重要的是他们实际上已经构成城市生活的微观循环,须臾不可分离,多样性不为别的,只是为了生活更加美好。

2. 把握动态平衡需要转变管理模式

自上而下去管理多样性需要海量的管理成本,因为我们都不知道这个多样性到底有几样、明天会怎样。

就拿共享单车来说。政府也搞过,投资很大,提供了地铁、公交枢纽最好的地段,至今还有很多架子摆在那。初衷是好的,政府又有补贴,价格定得也不贵,但是忽视了最为重要的问题,那就是便捷性,以及如何与公众的需求进行动态的匹配。这些车放在哪里最方便,我们是很难想周全的,众口确实是难调的,每个人都有自己的个性化需求嘛。这个需求我们怎么统计,怎么进行动态调整呢?

其实很简单,让使用者自己来啊,就是现在摩拜、ofo的模式,就是无固定桩,你停在哪,就说明这是离你家最近,或者最方便换乘的地方。换言之,你上班的时候取车也会更加方便。当然停车也是有一些基本规则的,但总体上自己可以控制。

虽然共享单车也带来了一个停放等拥堵问题,但是总体来说方便大于混乱,现在这种模式创新已经由中国走向世界,成为中国对外输出的本土创新。

自上而下不容易解决的问题,采用自下而上的方式就迎刃而解。

很多政府投资也解决不了的事情,不用投一分钱,事情就解决了,而且成就了共享经济的繁荣。

共享单车还附带解决了一些其他问题,比如"蹦蹦车"问题。以前怎么管也管不住,现在共享单车出来了,基本解决了,因为共享单车更方便,大家用脚投票了。虽然偶尔在天气不好的时候,"蹦蹦车"也会出现,但早已不是当年的气候。

城市的问题就是这样解决的。

以前火车票也是,多少年都得排队买票,"黄牛党"很多,抓也抓不完,现在网上购票,很多"黄牛"失业了。虽然有些也升级了,但是问题没有以前普遍了。排队买票成为历史记忆。

问题并不是无解的,只是解决方式不同而已。

但是我们还是习惯用"管"的方式解决问题,这其实就是自上而下的传统思维,有时候换一个角度考虑一下,会豁然开朗。

3. 开放的本质是拥抱多样性

改革开放中的开放,有对外的开放、也有对内的开放,但本质其实是一样的,那就是包容多样性。

1984年10月22日,邓小平在中央顾问委员会第三次全体会议上说:"历史经验教训说明,开放伤害不了我们。我们的同志就是怕引来坏的东西,最担心的是会不会变成资本主义……

肯定会带来一些消极因素，要意识到这一点，但不难克服，有办法克服。你不开放，再来个闭关自守，五十年要接近经济发达国家水平，肯定不可能。"

事实上，改革开放的伟大成就一再证明，多样性的主流是好的，是有益于社会发展的。

开放就是反对闭关自守。闭关自守就是排斥多样性、排斥变化。只要有多样性就会有积极因素和消极因素，只要发展就会有新问题，只要成长就会有烦恼。

但这都是发展过程中的正常现象，只有靠发展的方式才能克服。

而发展必然需要拥抱多样性，使多种因素相互促进。

包容不仅仅是一个道德层面的问题，更是一个经济学、社会学的问题，甚至是一个历史学的问题。

我们考察人类历史，先进的文明都具有很强的包容性，甚至是拥抱多样性。

事实上，多样性、复杂性是社会的必然趋势。

别的不说，就拿新技术的发展速度、创业公司的数量、APP数量和公众号数量这几个指标衡量，我们的社会发展都呈现指数级的进化态势。

新的模式、新的理念、新的技术层出不穷。

还没有等到管起来，新的东西又出来了。

我们对新事物有一种本能的陌生感，甚至是恐惧感。

我们不知道它们是什么,不禁要问怎么这样？会不会有害？

一方面我们要有耐心,不要着急下结论。另一方面,我们要鼓励多样性、敢于包容多样性,使得多样性的变化对我们有亲近感,创造一个更加包容、多元、公平的生态以利于多样性的自我进化。

鼓励自下而上的创造,鼓励民间的管理智慧,注意因势利导。

善于运用价值规律、竞争机制这些社会规则,实现多样性的优胜劣汰,实现多样性的健康发展。

复杂是现代人无法逃避的宿命,多样性是城市无法回避的现实,只有拥抱未来,我们才会拥有更美好的未来。

让我们像保护生物多样性一样,保护我们的城市多样性。

人类的边界

这几天整个世界都在思考基因编辑的伦理问题。

而我在思索伦理本身的问题。

1.

伦理界定了人类的边界,界定了人之为人的基本道德规范,并在人类社会达成共识,从而构成了人类社会的基础。

因为人类社会的基础是想象的共同体,而伦理就是想象的框架。

超出这个框架就被称为不道德、违法、犯罪,总之都是对伦理的破坏。

对伦理的破坏就是对想象共同体边界的破坏。

对想象共同体的破坏就超出了我们的想象力,就会引发不确定性,就会形成恐慌。

这构成了我们的集体潜意识。

这个潜意识有些经过数百万年的选择压力形成基因层面的差异，有些潜意识的经历没有那么长久但也足以产生文化层面的传统，我们叫它模因，就是基本文化特征。这些特征定义了文明，书写了历史，形成了不同的种族和民族差异。

这一切都是在定义人类的边界，我们与其他物种的边界，我们与同类的差异，我们与过去的不同。

从茹毛饮血、人牲殉葬、三纲五常到人人平等，每个时代都有不同的伦理基础，每个时代的伦理基础又界定了不同的人类边界。

这些伦理基础都是维系当时社会的基本规范，成为当时想象共同体的集体想象，历史岁月在这些伦理规范的呵护下平静地流淌，就像这些规则亘古未变。

但是历史的车轮始终未曾停止，只是听见它咔咔的颠簸声。

我们知道这些就是历史的转型期。

2.

伦理作为一种社会规范从未一成不变。

自从我们从树上走下来，我们就破坏了生活的规则。

伦理的第一规则是生存，也就是物种的繁衍。

我们智人何曾对尼安德特人手软，虽然我们体内还残存着极少部分他们的基因。

在地理大发现的时期,欧洲人可曾对美洲土著人和非洲人讲过伦理?

工业革命的车轮不是同样在碾压农业文明的生存空间吗?

人工智能会同情失业者吗?

它虽然不是生命,但不也是人类的造物,那些神人的延伸。

他们的悲悯何在?

这个道理很明显地摆在面前,就是达尔文迟迟不敢说出口的那句:

物竞天择,适者生存。

伦理只是优胜者的习惯,我们可曾知道尼安德特人和那些消亡人种的伦理?

我们无处得知,因为他和他们的伦理一同沉入历史的谷底。

历史是胜利者写就,不全对,而且太残酷。

但历史是幸存者写就的,这却是自然而然的道理。

人类还想不想书写以后几千年,几万年的历史,甚至几亿年的历史,就看有没有命写。

3.

我们的历史正在进入转折点。

一个是人工智能、一个是基因技术。

当我们在为阿尔法狗欢呼的时候，我们却也为基因编辑而恐慌。

我不知道是不是我理解有误。

如果要恐慌应该一样地恐慌，要欢呼应该一样地欢呼。

因为这两个都是在颠覆你的技术。

霍金、马斯克都指出了人工智能可能存在的潜在危害，甚至警告人工智能可能会毁灭人类。

我们并没有抵制这些技术——虽然仍有一些批评的声音——相反我们在拥抱这些技术,并把它们作为国家战略规划,投入巨大的资源,展开国际间的竞争,成为资本追逐的目标。

我们难道不害怕人工智能的崛起吗？它们可能是和我们完全不同的形态。

人工智能会跟人类讲伦理吗，人工智能的伦理委员会是什么样子的，重点是如何保护插头吗？

当我们恐惧基因编辑技术的同时，可曾想过，人类的性成熟周期还相当漫长，进行代际更替还需要几十年的时间。

你能想象一下几十年以后的人工智能的代际更替吗，它的发展曲线已经上了火星。

4.

我们的恐慌何来？

我们应该有的恐惧哪里去了？

我们躺在人工智能煮的温水里大声斥责基因编辑，人工智能那边已经笑出声来了，果然是应该被替代的料。

我们的恐慌来自于进化恐惧症。

在每一次进化的节点，我们都会满怀着对过去的留恋和对未来的恐惧。

所谓礼崩乐坏，人心不古，是也。

原来是一时一地一国的传统，还有不同地域的差异，历史不同步，因此显得如此纷繁，伦理也具有多元性，因此不太存在全球性的恐慌。

随着全球化的进程加速，这种集体的恐慌不断同步出现。

千年虫，气候变暖，转基因，等等。

这次的基因编辑，又触碰了一个敏感的神经，改变进化节奏。

是的，人类有可能要成为自身的造物主。

改变进化节奏，所可能产生的变化，打破了所有想象的边界。

怪物、畸形是否会冒出来，这也是打开潘多拉魔盒那个比喻的想象。

是的，我敢说一定会。

事实上，在人类演进的过程中也不曾缺少过这种畸形的出现，只不过是缓慢的、少量的，没有过多进入主流视野当中。

我们也担心没有自然选择的鬼斧神工，人类那二把刀，会不会给自己毁了。

骨子里也体现了我们的不自信和对未知世界的恐惧。

我们担心自己不可能替代千百万年物种选择的精细化演进过程，生怕加快节奏，会使自己万劫不复。

这让我想起了相对论，为什么光束不能恒定，而改变的只是时空坐标？

我们为什么不能跳开一个维度看问题？

基因编辑难道不就是进化论的一种新的模式吗？

谁说进化只是自然而然，而不能是人工干预？我们的历史一再证明，不是主动把握历史，就是被动融入历史。

我们现在就是在主动把握进化历史。

我们恐惧的不是伦理，我们只是伦理维度依赖。

5.

历史的拐点就是伦理维度的拐点。

伦理将因人工智能和基因技术而被颠覆性地改变。

什么是生命？

如果面对一个具有独立意识的计算机，你是否承认它是一种生命形态？

如果你不承认的话，那把你的意识上传到电脑上让它继续存在，它又是什么？

人类身体不断被添加支架、假肢、人工心脏，甚至将它们联入你自己的神经网络,你还是人吗?如果连大脑都装入芯片,那么还是不是人?

如果你承认这些人工智能形态也是人,那你和它们的关系是什么?

你爱上它,怎么办?

也就是你和它是一种什么样的伦理关系?

肉体凡胎的人类如何与人工智能建立关系,或者形成共同的伦理?

我们相信阿西莫夫定律是因为我们还相信我们可以做人工智能的主宰。

但是真正具有独立意识的人工智能为什么要遵守我们给它们设置的定律?它们一定会有自己的伦理,或者说某种网络协议。

虽然你不能回答出上述绝大部分问题,但是你仍然认为发展人工智能是对的,不是因为你看到了它远期的价值,而是它对你融入得还不够深。它只是你的所有物,你的工具,还没有和你平起平坐。

而相对这些基因编辑技术,虽然你也知道它们的价值,但是你还是担忧它的不确定性。

你的忧虑其实只是你不想让它们融入你的生活,成为你的一分子,害怕它们影响到你,或者你的子孙后代。

你想起来就感觉不适应,就像一个不速之客,不请自来,你又不知道如何撵走它，从而使得你坐立不安而抓狂。

我们把它称为破坏伦理，其实就是破坏生活的平静和秩序，其实是一种伦理变革期不适应的表现。

因为我们现在的伦理没有为人工智能和基因编辑预留位置。

我们只是最先讨厌那些和我们坐在一起的人，对那些还不知道怎么坐的潜在生命形态还没反应过来。

但是不管怎么样，它们已经进入人类的历史。

只能学会与它们相处，重新调整思考世界的维度，我们才有可能再出发。

6.

很多伦理的质疑也只是说，这违反了现行的伦理，人不能当作客体和工具，也违背人作为主体这一基本的原则。

不将自身当作客体和工具，是一个民主化的理念，也就是我们生而平等，任何人也不依附于任何人，任何人都不应该成为其他人的奴隶，这是一个政治信条。

但是这个信条也有例外，那就是出于完善自身的需要。

比如在香港举行的第二次基因编辑国际大会上，有学者就问何建奎，对这对父母是否有不能满足的医疗需求？

潜台词的意思就是医疗需求可以称为对自身研究的例外。

基因研究本身，包括医学本身，或多或少的不都是将人当作客体吗？

包括新药的临床实验，包括对基因图谱的绘制，对基因的检测和有针对性地治疗。

如果不能探知人类自身，我们又怎么完善自身？

难道我们的宇宙就是我们之外的整个世界，而不包括我们自己吗？

那样想的话，就是狭隘地理解这个世界。

还有一个质疑是，基因编辑获得了父母的同意，但没有获得基因婴儿的同意。

这是一个事实，但这个事实又如何改变呢？

所有加之于婴儿的事情都不可能征得他们的同意。

包括国籍、生存环境、教育环境、怀孕的环境、父母是否健康，甚至姓名，是否能够给予孩子陪伴，这所有的一切什么时候征得过孩子的同意。

还是不存在所谓合法出生的问题，不管他何种方式，家庭环境是否健康，父母婚姻是否合法，甚至父母先天是否有疾病甚至残疾，都不会否定孩子出生之后人之为人的权利。

优生优育的政策是对人口结构优化的政策，它是导向性的，不是强制性的，即便有惩罚措施，也只能加之于父母，而不能加之于子女。

因此基因编辑婴儿不管怎样都不应受到歧视和惩罚。

父母出于优生优育的目的，也没有过错。

编辑基因技术与其他的优生优育和医疗措施的最大区别是什么呢？

就是这个编辑的结果会遗传下去，也就是它不是一次性的，它是永久性的。

它不仅是针对个体的，它可以通过个体的繁殖将结果加之于人类整体。

也就是它和我们每个人都有关系。

但事实上，所有的遗传性疾病，都会通过生育加之于人类整体。

这些疾病不是人类原创的，但人类也有部分原因。

这次基因编辑是原创的，虽然不是遗传性疾病，但是有遗传性特征，它的影响我们不确定，所以更加地恐慌。

我们的恐慌是对不确定的恐慌。

我们还恐慌的是，这一技术被专制政府利用，用以对人类种族进行清洗。

有人还举出犹太人的例子。但事实上，犹太这些民族是文化的概念，不是基因上的概念，显然不成立。因为没有哪一个基因是犹太人特有而其他人种没有的。

例子不对，但反映的是一种更加普遍的恐慌。

科技被错误利用的危害，其实在原子能技术、人工智能技术都有相似的恐慌。

人早已发明了将自己毁灭一千遍的技术，所以我们很害怕这些新的技术被滥用。

但是它永远不能成为阻止科技进步的障碍。

发展的问题只有通过发展解决。

而且科技一旦发展也就退不回去了。

技术发明之后，人类社会应该发展出与之相适应的机制。

这就是生产关系要适应生产力发展的道理，而不是相反。

不是要让科技适应人类，而是要让人类适应科技。

基因编辑也一样，不是一概否定地适用于人体，如果你停止进行相关的实验，那必然失去了进一步了解身体机能，甚至加入人类进化的途径。

而这个途径可能无法通过其他渠道获得。

从现在的伦理标准看，是不适合的，那到底是技术问题，还是我们的伦理标准需要进一步地调整？

我们有没有从发展的眼光和历史的眼光看待伦理问题和科技问题？

我们需要进一步地思索，而不是草率地，人云亦云地得出答案。

历史绝不会因为你的看法而改变，历史只会因为你的做法而不同。

我们只有学会驾驭历史车轮的颠簸，才能创造更加长远的未来。

人类的边界，其实就是我们的视野。

后 记

"你办的其实不是案子,而是别人的人生"这句话前段时间得到了一定范围的传播,因此本书也以此命名。清华大学出版社的编辑刘晶女士经与我反复沟通,最终去掉"其实"二字,主要是因为语法问题,虽然对韵味有些影响,但在语义上没有本质的影响。

这句话最早在拙作《公诉"老炮儿"的味道》(发表于2017年11月29日"法律读库"公众号)出现,完整的内容是"我们办的不是案子,是别人的人生,是公众的价值观,是国民对法治的期待"。这篇文章最终也收录在《检察再出发》(2018年9月出版)一书中。我很喜欢这句话,因此也将它印在了这本书的腰封上。这句话当时也给人留下了一些印象:《法律与生活》杂志的李云虹记者给我做的采访用的就是《检察官刘哲:我们办的不是案件,而是人生》的标题;法院系统知名作家阿朵在《人民法院报》公众号上发表的书评用的也是《我们办的不是案件，而是他人的人生》；胡雨晴（著有《小丸子从检记》）在浙江省检察院编辑的《检察版吐槽大会》视频时，在片尾也用上了这句话。2018年4月24日，我在法律读库上发表的《带着感情去办案》这篇文章，当中再次提到了这句话，只是简化为"我们办的其实不是案子，而是别人的人生"，同年12月15日由"检察日报"公众号转载。当时编辑也抓住了这句话，并把"我们"改为"你"，并作为了文章的题目，即《你办的其实不是案子，而是别人的人生》。这篇文章在两天之内点击率达28万次，当时初步统计有上千个公众号转发，长安网也进行了转载。后来，这句话在不同场合被引用，获得了一定的认知度，也算是引起了一些共鸣。

我相信引发共鸣的不仅仅是这句话，而是其背后的理念，为此我把近来创作的反映共同司法理念的文章，做了结集，也就有了这本书。

对于这句话和这本书，我要感谢很多人。

我要感谢北京大学的陈兴良教授赐序推荐，他对晚辈后学的提携不遗余力，受到隆重推荐感激莫名！陈老师的学风人品如高山仰止，吾虽不至，但心向往之！

我要感谢清华大学的劳东燕教授，劳教授的著作和文章均极富思想性，她是我最为推崇的女性法学家，前次为拙作《检察再出发》撰文推荐，这次又专门赐序，一并致谢！

我还要感谢樊崇义、陈瑞华、刘仁文、周光权、车浩、谢鹏程、龙宗智、刘桂明、游伟、张建伟、林维、马岭、王洁、刘品新、郝银钟、李永红等诸位师长一直以来给予我的关注、支持和鼓励！

我要感谢最高人民检察院张军检察长在几次场合提到这句话，这是对我莫大的鼓励和鞭策。

我感谢法律读库公众号创始人、在北京市人民检察院挂职的赵志刚副检察长。他是我在写作上的领路人，也是我人生的导师。本书同名文章就是在法律读库上首发的。

我要感谢《检察日报》的李雪慧社长，感谢他的极大信任和鼓励，正是在《检察日报》这个平台上，才有了这篇文章的广泛影响。

我还要感谢《检察日报》的魏星副主编，以及王治国、张伯晋、史兆琨等编辑同人的精心编辑，他们成就了这篇文章。

我要感谢中央政法委宣教室侯召迅副主任，感谢他一直以来的鼓励和帮助，并对我的文章给予了大力的推荐。

我要感谢北京市检察院的敬大力检察长，感谢他多次给予的直接鼓励和教诲，使我受益终生。

我要感谢北京市检察院的张家贞副检察长和北京市检察院第三分院的王伟检察长，作为主管领导，他们给予我充分的支持和鼓励。

我要感谢全国政协常委甄贞，最高人民法院裴显鼎大法官、最高人民检察院苗生明厅长、张相军厅长、王守安厅长、郑新俭厅长、刘太宗副厅长，国家检察官学院黄河院长、四分院朱小芹检察长，丰台区委组织部葛海斌部长，北京市检察院政治部马立娜主任等领导一直以来给予我的鼓励和帮助。

我要感谢高检院的诸位领导同人，包括金威、赵玮、余双彪、闵钐、侯若英、卜大军、曹红虹、李占州、贝金欣、张志强，等等，感谢他们对我工作的巨大支持和帮助。

我要感谢北京市院第一检察部张军主任，作为直接领导，他给予了我充分的信任和支持。

我要感谢北京市人民检察院王新环专委、办公室刘慧主任，政治部熊正副主任、杨晶处长、苏宁隽处长，机关党委邵明峰书记，以及王志坤主任、吴祥义主任、岳慧青主任、彭天广主任、姜淑珍主任、王滨主任、李继华主任、闫俊瑛主任、李欣宇主任、于静主任、钟达先主任、李华伟主任、石磊副主任、曹晶副主任、张宁宇副主任，一分院庄伟副检察长、二分院李华副检察长、三分院田向红副检察长、四分院许庆文副检察长、西城院李卫国检察长、东城院贺卫检察长、海淀院刘惠检察长、朝阳院张朝霞检察长、昌平院马天博检察长、平谷院郗琳检察长、怀柔院方洁检察长、门头沟院杨淑雅检察长，他们在工作中都给予了我很多支持和帮助。

我要感谢全市各院刑事检察工作的领导、同人一直以来的帮助和支持。

我要感谢高岑、陈焕友、高鸿雁、钟李钧、符秋、矫捷、韩晓霞、赵海峡、王洪超、朱家海、王乐、靳国忠、易彬、郑圣果、高宏伟、赵晓敏、张嘉月、陈莹璐、王栋、郑烁、徐志豪、毛震、杨先德、李林、李刚、李宁、于泽、耿辉辉、赵家琪、薛松、吴乐乐、熊志强、胡志强、贾晓文、张磊、杨文、庄晓晶、丁彦文、刘纯伊等同事，他们在工作上给予了我极大的支持和帮助。

我要感谢浙江省院陈泉，苏州市院王勇，杭州市院鲍健，天津市院刘致宏，河北省院白剑平，定州县院刘斐，沧州市院董晓铃，大庆市让胡路区院唐万辉，四川省院周科楠，荣县院卓俊涛，湖北省院王文静，贵州省院谢树红、杨俊，海南省院周力，广州市院陈焰，淮南市院庞文良，资阳市院赵纯东，崇左市江州区院陈良晓，衢州市开化县院周红梁，十堰市竹山县院汪朝晖，三明市宁化县院郭建武，林芝市巴宜区院杨永强等全国各地的检察同人的关心和帮助。

我要感谢中国检察出版社的李广森、马力珍、周密，正义网的赵明、高航，《中国法律评论》的董飞，《人民法治》的陈惊天，《人民检察》的庄永廉、常锋、金园园，《检察日报》的曾宪文、龚云飞，《中国检察官》的韩彬，《方圆》杂志的肖玲燕，《检察风云》的黄灵老师，《法律与生活》的李云虹，《法制日报》的黄洁，新华社熊琳等诸位老师、同人，感谢他们为我提供了平台，在工作中给予了我很多支持和帮助。

我要感谢刑事实务姚海华、法眼观察戴姣、职务犯罪研究戴奎、刑事正义于宾、办案指引梁景明、转型中的刑法思潮何志伟、悄悄法律人李勇、说刑品案于同志、法纳刑辩潘美玉、刑事参阅张艳丽、法律读品陈锦、海坛特哥陈特、法客帝国李舒等诸位大咖给予我无私的帮助。还要感谢法律读库小伙伴对我不断的鼓励和帮助,包括阿朵、谷芳卿、张晓雨、胡雨晴、孟斌、王栋、王泽楠、李颖珺、金晶,等等。

我的同事、朋友赵静、孟庆辉、史晨阳、王冷、康华亮、丁宁参与了本书的审校工作,深表谢意。

我要感谢写作课、京检乐跑等兄弟姐妹,他们给予我一如既往的支持和鼓励。

我还要感谢房山检察院的老领导、老同事一直以来的关心、鼓励和支持。

我还要感谢宋余海、孙小倩、杨丽萍、汪承昊、谢财能等一批老同学的祝福和期待,感谢徐航、刘捷扬、叶衍艳、曾静音等学长前辈的鼓励和帮助。

我要感谢清华大学出版社刘晶及各位编辑、美编及其他工作人员的辛勤工作,他们在上一本书就表现了极为专业的水准,这一次又给了我更大的惊喜。

我要感谢"酱油熊"肖博为本书的后期衍生正在做的巨大贡献,十分期待!

我要特别感谢我的家人,他们始终给予我无私的支持和鼓励,让我没有后顾之忧,才能最终完成这些作品。

最后我要感谢那些默默的支持、传递本书理念的诸位读者，你们的认同是对我最大的鼓励，向你们致以最深的敬意！

2019 年 8 月 5 日于西直门